일단
오늘부터
행복합시다

일단 오늘부터 행복합시다

20만 스웨덴 독자들의
행복지수를 높여준
'지금 이 순간' 훈련법

마츠 빌마르크 · 수전 빌마르크 지음 | 이종인 옮김

마일스톤

율리아에게
우리의 사랑스러운 딸이자 영감의 원천

친구 마츠와 수전이 쓴 이 책을 아주 기쁜 마음으로 읽었다. 그리고 부부가 겪어온 힘든 과정을 마침내 이해하게 되었다. 조화롭고 행복한 삶으로 돌아온 그들의 여정이 우리 모두에게 지혜의 원천이 되리라 믿는다. 마츠와 수전은 엄청난 용기를 발휘했다. 주어진 것을 있는 그대로 받아들였고, 필요할 때 다른 사람에게 도움을 청했다. 내면의 힘이 얼마나 중요한지를 보여주었다. 힘들고 지친 많은 사람들이 그들의 여정에 동참한다면 인생을 행복하게 바꾸어갈 수 있으리라 확신한다. 무엇보다 마츠와 수전이 나누고 싶어 하는 깊은 생각과 명상에 귀 기울이기를 권한다. 당신 안에서 힘을 발견할 것이다.

— 미카엘 베르트베인

"이대로는 안 되겠어"
삶에 변화가 필요한 당신에게

몇 년 전, 우리 부부는 우울증과 약물중독에 빠져 무척이나 힘든 시간을 보냈다. 최악의 상태에서 우리는 각자 살아온 인생의 경험으로 서로에게 도움을 주었다. 다행히 이 스트레스와 불안이 얼마나 고통스러운지 이해해주는 사람들이 곁에 있었다.

　어느 날 담당 의사가 그동안 겪은 일들을 글로 써보면 어떠냐고 조언했다. 하지만 그때까지도 이 기록을 다른 사람과 나눌 생각은 없었다. 그런데 몇몇 친구들이 글을 읽고서 깊이 감동했다고 전해왔다. 그제야 우리 경험이 다른 사람들에게 도움이 될 수도 있다는 것을 깨달았다.

우리가 그랬던 것처럼, 지금 하고 있는 일을 멈추고 앞으로 살아나갈 삶의 방향을 곰곰이 생각해야 한다고 느끼는 사람들이 많다. 당신의 문제가 너무 많이 악화되지 않기를 바란다. 우리처럼 깊은 수렁에 빠지기 전에, 자신을 돌아보고 스스로 멈출 수 있기를 희망한다. 이 책이 당신을 도울수 있기를 바란다. 천천히 한 장을 읽고 나면 그 의미를 완전히 음미하고서, 그것이 당신의 삶과 어떤 관련이 있는지 깊이 생각해보면 좋겠다. 순서를 그대로 따라갈 필요는 없다. 더 깊이 공감하는 장을 집중적으로 명상해볼 수도 있다. 그러면 반드시 더 좋은 쪽으로 변화를 이루어낼 것이다.

마츠 빌마르크 이야기

첫 직장은 내가 창업한 소규모 회사였다. 나는 언제나 리더였고 진취적인 사업가였다. 하지만 오랫동안 외향적인 성격에 다정한 인품을 가진 사람인 것처럼 꾸미면서 불안감을 감추어왔다. 자존감이 아주 낮았는데 많은 사람들이 이것을 알아채지 못했다.

지난 몇 년 동안 나는 심인성 질환(심리적인 원인으로 생기는 질환-옮긴이)을 집중적으로 연구해왔다. 이 주제는 내게 아주 중요한 과제다. 2011년 스웨덴 칼마르의 한 호텔에서 '내면의 건강'이라는 주제로 처음 공개 강연에 나섰는데, 반응이 믿기지 않을 정도로 뜨거웠다. 칼마르에서 6회에 걸친 강연을 마친 후, 다른 도시들을 여행하며 강연을 했다. 2013년에는 '내면의 건강' 강연을 DVD로 만들었다.

요사이 나의 새로운 관심은 "지금 이 순간을 열심히 살자"는 것이다. 나는 더 만족스럽고 행복한 삶의 근원은 지금 이 순간을 살아가는 '의식적 현존(conscious presence)'이라고 확신한다.

나는 아직도 스트레스에 민감하게 반응한다. 좋든 나쁘든 마침내 이런 사실을 깨닫게 되었다. 완전히 탈진하여 병이 생기기 전에 가졌던 그 힘과 에너지를 다시는 갖지 못할지 모른다. 하지만 나 자신을 더 잘 알게 되었고, 나의 한계가 무엇인지도 명확하게 깨달았다.

수전 빌마르크 이야기

나는 수줍음을 많이 타는 아이였다. 하지만 운 좋게도 외향적인 친구들 사이에서 자란 덕에, 하고 싶은 것을 용감하게 해버리는 법을 배웠고 마침내 수줍음을 극복했다. 내 안전지대를 벗어나도 여전히 자신감에 차 있었다. 하지만 남들이 나를 싫어할지도 모른다는 생각에 부탁을 잘 거절하지 못했다. 그렇게 피로-우울증이 찾아왔고 신경쇠약에 시달렸다. 되돌아보니 나는 내 욕구를 억눌렀고, 나의 가치를 제대로 알지 못했으며, 내가 충분히 배려받을 만한 중요한 사람이라는 것을 알지 못했다.

지난 몇 년 동안 나는 내 안의 창조성을 다시 발견했다. 무언가를 창조하는 것이 나를 건강하게 만든다는 사실을 알았다. 창조성을 강화하여 그것이 일상생활의 한 부분이 되게 하는 법을 배웠고, 실제로 나는 건강해졌다. 창조성은 건강 회복에 아주 중요한 요소였다. 이제 창조성은 내 삶의 질을 높이는 멋진 도구다. 오랜 세월 내 몸은 당연히 받아야 했을 존중을 받지 못했다. 몸을 보살피는 것이 얼마나 중요한지 이제야 깨닫는다.

● **PART 1**
● **머릿속에 꽉 찬 생각부터 치워줘**

PART 1

머릿속에 꽉 찬
생각부터 치워줘

"미래를 동경하면 지금 이 순간을 보람 있게 살지 못한다."
— 장자

우리가 '지금 이 순간'에
신경 쓰지 않는 이유

달라이 라마는 "인간의 가장 놀라운 점은 무엇이라고 생각하는가?"라는 질문을 받고 이렇게 대답했다.

인간은 돈을 벌기 위해 건강을 희생한다. 이어 건강을 회복하기 위해 돈을 쓴다. 그런 다음에는 미래가 너무 걱정되어서 지금 이 순간을 즐기지 못한다. 그 결과 현재의 삶도 제대로 살지 못하고 나아가 미래의 삶도 살지 못한다. 결코 죽지 않을 것처럼 살다가 실제로 제대로 살아보지도 못하고 죽는다.

세상 모든 일이 뜻대로 되어가는 느낌이 들 때가 있다. 비록 잠시이기는 하지만 평온함과 내적 평화를 체험하면서 그런 마음 상태에 계속 머무르고 싶다. 당신의 아이, 배우자, 반려동물과 함께 아주 강렬한 즐거움을 느끼는 몇 초간의 행복한 시간 말이다. 또는 자연이 주는 놀라운 한순간일 수도 있다. 이것을 이해한다면 당신은 '지금 이 순간'의 완벽한 현존(現存)을 약간은 맛본 것이다.

그런데 왜 우리는 '지금 이 순간'을 사는 것이 그토록 어려울까? 우리 뇌는 미래에 대해 끊임없이 생각하면서 현재 하는 행동이 미래에 어떤 영향을 미칠지 분석하느라 바쁘다. 과거를 분석한 정보를 가지고 새롭고 창조적인 아이디어, 깊은 통찰, 멋진 해결안을 만들어낸다. 바로 이 때문에 우리는 지금 이 순간보다 미래나 과거에 더 관심이 많다. 과거는 '나'라는 존재를 규정하고 정체성을 부여한다. 미래는 언제나 성공과 행복의 약속을 안겨준다. 이 끊임없는 속삭임.

우리는 머릿속에서 흘러가는 생각들에 사로잡혀 있다. 잠에서 깨어나는 순간 머릿속의 목소리가 지껄이기 시작하고 다시 잠들 때까지 한시도 입을 다물지 않는다. 특히 스트레스를 받을 때는 생각을 단 10초라도 꺼버리거나 멈출 수 없다.

이성과 생각은 인간의 가장 큰 자산이다. 하지만 머릿속
소음이 주도권을 잡으면 지금 이 순간을 즐기는 기회를 날
려버린다. 계속 흘러가는 현재에 대한 느낌, 과거와 미래와
대한 생각 사이에서 건강한 균형을 유지해야 한다.

많은 사람들이 자신이 잠시도 멈추지 않고 늘 생각하고
있다는 사실을 깨닫지 못한다. 머릿속에 있는 목소리는 논
평하고, 추정하고, 판단하고, 비교하고, 불평하고, 싫다고 하
고, 좋다고 한다. 이 끝없는 생각이 스트레스, 낮은 자존감,
불행, 실망감의 주된 원인이다.

우리는 언제나 지금 이 순간을 살고 있지만 그 순간에 대
해서는 거의 신경을 쓰지 않는다. 머릿속에서 윙윙거리며
돌아가는 생각이 지금 이 순간에 신경 쓰며 살아가는 것을
가로막고 있는 까닭이다.

LIVE STORY 마츠의 이야기
우리는 거대한 생각 덩어리

내가 얼마나 많은 생각을 하면서 사는지 깨닫게 해준 일이 있
다. 식료품 가게에서 벌어진 일이었다. 한 남자가 가게 통로를
왔다 갔다 하면서 온갖 종류의 사소한 일을 혼자 중얼거리고 있

었다. 저녁은 무엇을 먹을지, 누구에게 언제 전화할지 등 잡다한 얘기였다. 다른 사람들은 그 남자에게 어떻게 반응했을까? 사람들은 괴상한 행동을 하는 남자를 피해 일부러 멀리 돌아갔다. 그런데 문득 우리가 모두 똑같은 행동을 하고 있다는 생각이 들었다. 큰 소리로 말하며 겉으로 드러내지 않을 뿐, 머릿속으로는 바로 그 남자처럼 하고 있었다.

미래는 지금과 다를 거라는 강박증

알코올, 음식, 섹스, 운동, 약물 등은 순간적인 즐거움을 안겨주지만 다시 허기지게 만들기 때문에 결국 더 많이 찾게 된다. 행복도 마찬가지다. 행복은 너무나 일시적이어서 사람들은 언제나 새로운 행복을 찾는다.

미국에서 실시한 한 연구조사에 의하면 새로운 직장, 새로운 인간관계, 새로운 아파트에서 얻는 행복은 겨우 석 달 정도 지속될 뿐이라고 한다. 오늘날 우리는 과거보다 더 많은 물건을 사지만 지속적으로 만족감을 얻지 못한다. 언제쯤 깨달을 수 있을까? 사람들은 새로운 모임, 이직, 휴가, 아파트 인테리어 공사가 마침내 완벽한 행복을 가져다주리라 확신한다.

많은 사람들이 현재가 만족스럽지 못한 나머지 미래는 지금과 다를 거라는 강박증을 갖고 있다. 너무 많은 이들이 돈으로 행복을 살 수 있다고 믿는다. 과연 그럴까? 여기서 간단한 생각 실험(thought experiment)을 하나 해보자. 가령 당신이 복권에 당첨되었다고 하자. 몇 달 동안은 행복하겠지만 곧 불만이 슬슬 생겨나 원래의 그 자리로 돌아가 버릴 것이다. 지금 이 순간을 살아가는 훈련을 하지 않으면 결코 이 순간을 즐기지 못한다. 진정한 즐거움은 지금 이 순간에만 체험할 수 있다.

스톡홀름 경제대학교 교수인 미카엘 달렌은 그의 저서 《넥스토피아(Nextopia)》에서 '부러워하는 사회'에 대해 이렇게 말한다.

> 인터넷 덕분에 이제 모든 것이 접근 가능해졌다. 그래서 사람들은 행복이 현재에 있는 것이 아니라 미래의 어느 시점에 있다고 생각한다. TV와 컴퓨터는 가질 수 있는 수많은 물건과 온갖 가능성을 보여준다. 그 결과 우리는 부러움 때문에 미칠 지경이 되었고, 상대적 비교에 의해 현실이 울적해졌다.

많은 사람들이 지금 여기가 아닌 미래의 어떤 곳을 동경한다. 지금 여기는 늘 미흡하고 불만스러우며 절대 좋아 보이지 않는다. 하루, 한 달, 한 해가 너무 빨리 지나간다고 느끼는가? 이런 시간 의식에 제동을 거는 방법은 딱 하나다. 지금 이 순간을 더욱 충실하게 살아내는 것이다.

🪑 LIVE STORY 어떤 부부의 이야기
여행을 다녀와도 헛헛한 당신에게

우리가 아는 한 부부는 두 아이가 네 살, 여섯 살인데 여름 내내 여행을 한다. 평소에도 여러 행사로 일정이 빡빡하다. 스웨덴에 있는 놀이공원은 안 가본 데가 없고 매년 곳곳에 사는 친구들을 찾아다닌다. 초가을 무렵, 그 부부를 다시 만났을 때 여름휴가를 어떻게 보냈느냐고 물었다. 그들은 우울한 표정으로 이렇게 대답했다.

"올여름에 많은 곳을 다녔는데 여전히 아무 데도 안 간 느낌이에요."

내 생각의 목격자가 되어라
: '지금 이 순간' 훈련법

스웨덴의 유명한 축구선수 헨리크 뤼스트룀이 마지막 은퇴 경기를 펼칠 때 아주 특별한 일이 벌어졌다.

> 나의 마지막 경기가 끝났다. 나는 관중석을 올려다보면서 아주 낯익은 얼굴을 발견했다. 어릴 적 코치였던 알도르가 경기를 보러 62마일이나 여행해 온 것이었다. 나는 그에게 다가가 손을 내밀고 악수를 하면서 말했다.
> "알도르, 이렇게 만나다니 정말 반갑습니다."

그의 눈에는 눈물이 맺혀 있었고 제대로 대답을 하지 못했다. 절대 사라지지 않을 순간이었다. 비바람, 추위, 눈보라를 이겨내며 견뎌왔던 고된 훈련을 가치 있게 해주는 순간이었다. 그 모든 것을 의미 있는 것으로 만들어주는 순간이었다.

이 마법의 순간에 헨리크는 삶에 현존했고 가장 아름다운 '지금 여기'를 흘낏 엿보았다. 인생의 가장 즐거운 순간은 지금 여기에 집중하면서 현존할 때 찾아온다. 삶의 지금 이 순간을 누리는 것은 환상적인 여행의 시작이다. 이 여행은 당신이 지금껏 겪어온 것보다 더 강렬한 내적 평화, 행복, 활력, 쾌활함으로 인도한다. 여행 초기에 당신은 '지금 여기'를 아주 짧게 맛볼 것이다. 그러나 꾸준히 훈련하고 연습한다면 더 긴 시간 동안 체험할 수 있다. 먼저, 연습 초기에는 한 걸음 뒤로 물러서서 자신의 생각들을 관찰하며 이렇게 말하라.

"내 머릿속에서는 이런 끝없는 속삭임이 흘러가고 있구나. 나는 지금 그것을 귀 기울여 듣고 있다."

이처럼 귀 기울여 자기 생각을 의식하면, 그 생각이 구체적으로 무엇인지 알게 되고 또 당신 자신이 그 생각의 목격자가 된다. 새로운 의식이 당신 안에서 생겨난다. 끊임없이 흘러가는 의식의 흐름에 이런 단절을 만들어낼 때마다 '지금 이 순간'과 접촉하는 빈도는 높아진다. 대부분 사람들에게 이런 단절은 드물게 혹은 우연히 생겨날 뿐이다. 어떤 강렬한 체험, 신체적 친밀함, 극단적인 육체적 피로 등이 올 때만 일어난다. 그러면 갑자기 고즈넉한 정적이 찾아온다. 불행하게도 이런 순간은 아주 짧아서 곧 저 끝없는 수다 같은 생각의 흐름이 다시 주도권을 잡는다.

정서적으로나 심리적으로 우리가 현재 하고 있는 것에 현존할 때 아주 강렬한 행복을 느낀다는 것은 오래전부터 입증되어온 사실이다. '지금 여기'에 더 많은 시간을 투자하는 것이야말로 자기 자신에게 줄 수 있는 가장 큰 선물이다.

생활에 변화를 주고 싶다면 '지금 이 순간에 현존하기'를 적극적으로 실천하라. 그것도 여러 번. 당신의 생각을 가능한 한 과거와 미래로부터 멀찍이 떨어져 있게 하라. 이것을 하나의 습관으로 만들어라. 당신이 얼마나 자주 지금 여기에 집중하는지 주목하라. 그것이 지금 여기로 재빨리 이동하도록 도와줄 것이다.

당신의 무의식에서 벗어나라. 오감(五感)을 활용하라. 당신 자신에게 이렇게 물어라.

누가 나와 함께 있는가?

나는 어떤 소리를 듣는가?

내 주위에서 어떤 사물을 보는가?

나는 어떤 냄새를 맡고 있는가?

당신이 체험하는 것들에 가치 판단을 하지 마라. 좋다거나 나쁘다고 말하지도 말라. 당신의 호흡에 주목하라. 들숨과 날숨을 의식하라. 지금 이 순간에 벌어지고 있는 일을 말하라. 모든 의식을 지금 이 순간에 집중시키면 문제는 저절로 줄어든다.

'지금 이 순간' 훈련법

지금 이 순간에 현존하려면 많은 훈련과 인내심이 필요하다. 완벽한 현존의 순간을 창조하려고 노력하면서 과거나 미래에 대해 생각하는 시간을 줄여야 한다. 생각의 흐름을 단절하는 빈도가 높을수록 지금 이 순간과 연결되는 빈도도 따라서 높아진다. 그러려면 다음의 몇 가지 훈련을 주기적으로 해야 한다.

명상/호흡

하루를 살면서 당신의 호흡에 자주 집중하라. 호흡에 집중하는 순간이 많을수록 도움이 된다. 생각이 산만해지면 그걸 붙잡아 다시 호흡에 집중하려 노력하라. 1분, 5분, 길게는 30분 동안 시도해보라. 눈을 감고 숨을 들이쉴 때마다 "나는 숨을 들이쉬고 있다"고 생각하라. 숨을 내뱉을 때마다 "나는 숨을 내뱉고 있다"고 생각하라.

당신의 호흡에 집중하라. 숨을 쉬면서 모든 것을 있는 그대로 내버려 두어라.

집중

당신이 어디에 있든 가끔 깊은숨을 들이쉬면서 이렇게 물어라.

"지금 여기에서 무슨 일이 벌어지고 있는가?"

지금 하는 일, 지금 이 순간 체험하고 있는 일에 온 신경을 기울여라.

확인

적어도 하루에 한 번 짧게는 1분, 길게는 3분 동안 다음과 같은 확인의 말을 반복하라. 그러면 지금 이 순간을 살고자 하는 의지가 더욱 강화된다.

"나는 지금 이 순간에 충실히 머무를 것을 선택했다."

생각의 흐름 멈추기

지금 이 순간에 현존하는 것을 5~10초 동안 체험하기 위해 자신에게 이렇게 질문하라.

"나의 다음 생각은 무엇일까?"

신체 스캐닝

자기 몸에 대한 지각을 강화하여 온몸에 차례차례 신경을 써보라. 인터넷에서 해당 앱이나 CD를 찾아보라.

요가/기공

신체 훈련과 호흡 훈련을 병행하면 체력이 강화되고, 지금 이 순간을 더 의식하게 되며, 몸을 더 잘 지각하게 된다.

질문에 답하기

다음 질문에 '자주, 가끔, 하지 않는다' 중 하나로 대답해보라.

- '이걸 하면 모든 게 좋아질 텐데' 하고 생각하는가?

- 생활이 자기 통제 밖으로 벗어나고 있다고 생각하는가?
- 휴가 때 목적을 달성하지 못해 실망스러운가?
- 자신보다 남을 얼마나 생각하는가?
- 내 삶에서 벌어지는 일을 깊이 생각해볼 시간이 없다고 생각하는가?
- 몸에 어떤 증상이 있어도 고칠 생각을 하지 않고 무시해버리는가?

(출처: 에바 보이네르 호르비츠의 《건강을 위한 문화》)

이 질문 가운데 4개 이상에 '자주'라고 대답했다면, 지금 이 순간에 접근하는 당신의 방식에 잘못된 것이 없는지 살펴보아야 한다. 만약 대부분 질문에 '가끔, 하지 않는다'로 답했다면 상당히 좋은 쪽으로 발전해왔다고 봐도 좋다.

이 질문에 대한 당신의 답변을 깊이 생각하면서, 그 대답이 당신의 행복관과 어떻게 맞아 들어가는지 살펴보라.

핵심 훈련

다음에 소개하는 훈련을 반복하면 '지금 이 순간'을 더 잘 의식하고 그 순간에 현존하는 데 도움이 될 것이다.

1. 큰 소리로 혹은 소리 죽여 "지금 이 순간"이라고 자신에게 말하라. 이 방법은 당신의 의식을 집중시켜주고 생각의 흐름에 단절을 만들어낸다.
2. 다음번 다섯 호흡에 집중하라. 자신을 향해 조용히 이렇게 말하라.
   "숨을 들이쉬라. 숨을 내쉬라."
3. 지금 이 순간 당신이 하고 있는 것을 자신에게 큰 소리로 혹은 소리 죽여 말하라. '좋다, 혐오스럽다, 추잡하다, 멋지다'처럼 가치를 판단하는 단어를 사용하지 마라.

   (예: "나는 지금 컴퓨터 앞에 앉아서 아들에게 보낼 이메일을 쓰고 있다", "나는 토마토, 오이, 새우가 들어간 샐러드를 먹고 있다. 포크로 집어서 입속에 집어넣고 있다")

적어도 하루에 한 번 이상 이 세 가지 훈련 중 하나 혹은 전부를 실천하라. 가능한 한 자주 당신의 호흡에 집중하라. 이것이 지금 이 순간에 완벽하게 현존하는 생활의 핵심이며 기반이다.

페이스북 '좋아요' 숫자가
신경 쓰인다고?

우리의 자아는 지금 이 순간을 싫어하며, 그것을 극복해야 할 장애물 정도로 생각한다. 그래야 미래의 어느 때에 행복해질 수 있다고 믿는다. 자아는 무엇이 되었든 충분하다고 생각하지 않으며 그 어떤 것도 좋다고 여기지 않는다. 자아가 '행복'이라고 부르는 것을 성취하기 위해 사람들은 권력, 돈, 승인, 소유, 신체적 힘 따위를 추구한다. 그러면 잠시 기분이 좋아진다.

자아가 당신의 생활을 지배하는 한 새로운 체험, 신기한 물건, 화끈한 자극을 계속 추구하게 된다. 하지만 자아의 욕구는 결코 충족되지 않는다. 자아가 지배하면 당신은 언제나 어색함과 두려움을 느낀다.

자아는 가만히 앉아 있지 못하고 끊임없이 승인을 추구하며, 다른 사람을 비판하려는 강한 충동을 느낀다. 언제나 모든 것을 조종하고 싶어 하고 기대도 크다.

자아의 힘은 얼마나 강한가? 그것은 당신이 '머릿속 생각을 얼마나 나의 정체성으로 여기는가'에 달려 있다. 또 어느 정도까지 머릿속 속삭임이 당신의 행동과 선택을 조종하도록 내버려 두는가에 달려 있다. 우리는 외부의 시선으로 자기 자신을 바라보면서 이렇게 말해야 한다.

"나는 여기에 있다. 그런데 내 머릿속에는 많은 생각이 소용돌이처럼 빙빙 돌고 있구나."

자아가 크면 클수록 당신은 진실한 나로부터 더 멀리 떨어지게 된다. 나의 자아는 내가 아니다. 자아는 내가 가지고 있는 자기 이미지, 사회적 가면, 일정하게 수행하는 역할일 뿐이다.

"사과는 내가 잘못되었고 상대방이 옳다는 의미가 아니다.

남에게 사과한다는 것은

당신이 자아보다 인간관계를 더 소중히 여긴다는 뜻이다."

〈지금 이 순간을 살기〉라는 페이스북 페이지를 시작하면서 나는 자아가 얼마나 강력해질 수 있는지를 알게 되었다. 〈지금 이 순간을 살기〉는 첫 시작부터 대성공이었다. 날마다 받는 '좋아요'의 숫자에 비례해 나의 자아도 점점 커졌다. 페이스북에 들어갈 때마다 내가 사랑받고 있음을 확인했고 아주 강력한 엔도르핀이 분출되었다. 기분이 좀 처져서 엔도르핀 주사를 맞고 싶을 때는 그 페이지를 방문했다. 새로운 '좋아요'와 댓글에 중독되었다. 그런데 어느 날 수전이 해준 말에 정신이 번쩍 들었다.

"사람들에게는 자아를 멀리해야 한다고 말하면서 정작 당신은 자아에 취해서 사는 게 잘못되었다고 생각하지 않아요?"

그때야 비로소 내가 지금까지 얼마나 거짓되게 행동했는지 깨달았다. 언제나 자아를 의식하고 있다고 생각했지만, 자아는 손쉽게 나를 장악해버렸다.

지금 이 순간을 살면서, 존재하는 온갖 사물과 '나'라는 사람을 구성하는 모든 것을 고맙게 여긴다면 당신은 곧 자아를 길들일 수 있다. '감사 일기' 훈련도 자아를 다스리는 데 큰 도움이 된다(Part 2에서 다룰 것이다).

무엇보다 '지금 이 순간'을 살아가는 방법을 배우면, 건강하지 못한 자아와 작별을 고할 수 있다. 새로운 자극을 찾아나서는 행위를 그만두려면 자아를 없애고 생각을 덜 해야 한다. 지금 이 순간에 더 많은 시간을 투자할 때 비로소 내적 평화에 도달할 수 있다. 아직도 자아가 곧 당신의 정체성이라고 생각하는가? 그렇다면 당신의 가치는 외부에서 성취하는 업적이 얼마나 많은가에 따라 결정된다.

대개는 생각만큼
나쁘지 않아

기대 불안은 실망스럽거나 무서운 일이 벌어질 거라고 상상할 때 찾아온다. 그런데 사실상 현실은 우리가 상상하는 것처럼 그렇게 나쁘지 않다.

무서운 일이 벌어질지 모른다고 걱정될 때마다 그것을 종이 위에다 적어놓고 나중에 실제로 벌어진 일과 비교해보라. 그러면 당신의 두려움이 현실과는 아무 상관이 없는 공상이었음을 알게 될 것이다.

당신이 얼마나 자주 이렇게 행동하는지 스스로에게 솔직해져라. 불안에 휩싸여 인생을 제대로 즐기지 못하는가? '이

PART 1
머릿속에 꽉 찬 생각부터 치워줘

러면 어떡하지, 저러면 어떡하지?' 생각하면서 꿈을 포기하고 있는가? 이런저런 걱정으로 인생의 빛나는 경험을 놓친 적이 얼마인가?

🪑 LIVE STORY 마츠의 이야기
안절부절못하다가 내 이럴 줄 알았지

예전에 다니던 회사 대표의 호의로 일주일간 파리에서 보내는 여행을 제안받았다. 회사에서 모든 비용을 내주는 조건이었다. 열심히 일한 데 대한 보상이었다. 하지만 제안을 받자마자 부정적인 생각이 엄습하기 시작했다.

만약 비행기가 추락해서 죽으면 어쩌지? 내가 별로 좋아하지 않는 사람과 한방을 쓰게 되어 잠을 못 자면 어쩌지? 대도시에서 길을 잃고 구타당한 뒤 돈까지 뺏기면 어쩌지? 갑자기 공황장애가 엄습했는데 병원에 가지 못하면 어쩌지? 당시 나는 엄청난 공포와 불안으로 고통받고 있어서 비행기를 타고 어디에 간다는 것이 불가능했다.

나는 파리에 가본 적이 없었다. 정말로 가고 싶었지만 온갖 부정적인 생각이 떠올라 결국 제안을 거절했다. 다른 직원들이 여행을 마치고 돌아와 즐거운 추억을 이야기하자 나는 기분이 더욱 안 좋아졌다.

나도 불안한 상상으로 나 자신을 무기력하게 만든 경험이 있다. 우리 부부가 새로운 동네로 막 이사를 왔을 때였다. 어느 날 주차장에서 차문을 열다가 이웃의 차를 살짝 박았다. 하루하고 반나절이 지나는 동안, 나는 이웃 사람이 그 일에 어떻게 반응할지 상상하면서 온갖 무서운 장면을 떠올렸다. 이웃이 화를 내면서 소리를 지르면 어쩌나 두려웠다.

얼마 후 주차장에서 이웃을 만나 차를 살짝 박았다고 고백했다. 그는 그랬느냐고 하면서 눈치채지 못했다고 아무렇지도 않게 말했다. 움푹 들어간 곳도 전혀 없고 금방 닦아낼 수 있는 페인트가 조금 묻어 있을 뿐이었다고 했다. 그는 솔직하게 얘기해 줘서 고맙다고 말했다. 그걸로 일은 종결되었다. 나는 온갖 상황을 상상하면서 하루하고도 반나절을 걱정하며 보냈는데 전혀 쓸데없는 일이었다. 이 얼마나 에너지 낭비인가?

이 두 이야기는 무슨 일이 벌어지면 최악의 경우를 상상하는 전형적인 사례다. 이미 불안을 경험한 적이 있는 사람은 더욱 그런 경향이 있다. 내부에서 불안감이 솟아나면 '~하면 어쩌지' 하는 부정적인 생각을 계속하게 되고, 그것이 아드레날린을 솟구치게 한다. 아드레날린이 우리 몸 안에 축적되면 근심 걱정에 시달리고 불안해진다. 악순환이다.

부정적이든 긍정적이든 '~하면 어쩌지'라는 생각은 당신의 기대감이 그대로 표현된 것이다. 부정적인 생각은 우리에게 근심 걱정을 안기지만, 긍정적인 생각은 우리를 즐겁게 한다. 어떤 느낌을 갖고 싶은지는 당신 스스로 선택할 수 있다.

그렇다. 긍정적으로 생각하는 것이 무엇보다 유익하다. 여기서 가장 중요한 것은 당신의 습관을 바꾸는 것이다. 이제 방향을 전환하여 '~하면 어쩌지'라는 생각을 긍정적이고 현실적이 되도록 훈련하라.

"언제나 좋은 일이
일어날 거라고 기대하면서
일을 시작하라."

— 니도 쿠베인

스트레스,
싸우거나 도망치거나

스웨덴의 저자이자 언론인인 아니타 골드만은 몇 년 전 이런 글을 썼다.

우리는 이제 '경고 신호'에 대해 더 이상 이야기하지 않는다. 전염병이나 큰 위기에 빠진 문명에 대해 말할 뿐이다.
우리는 건강함을 느낄 수 없는 사회를 창조했다. 데이케어(낮 동안 보살피는 프로그램 - 옮긴이)에 맡긴 어린아이들, 요양원에 들어간 외로운 노인들, 우리 사회가 엄청나게 발전했음을 보여주는 상징적인 사람들, 즉 육아와 직장생활을 동시에 하는 고학력, 고액 연봉의 젊은 여성들 모두 건강하지 않다. 환경과 조화를 이루는 것이 아니라, 외롭게 단절되어 쓰러지고 있다. 직장 환경을 바꾸고, 노동 시간을 줄이고, 데이케어를 개선함으로써 이 문제를 해결할 수 있을까? 위기가 너무 심각하여 그런 것으로는 해결되지 않는다. 우리가 만들어낸 사회에 우리 자신이 적응하지 못하는 상황이 되어버린 것이다.

스트레스는 모든 사람을 공격하는 일반적인 질병이다. 가난하든 부자든, 젊은이든 노인이든, 여자든 남자든, 취업자든 미취업자든 가리지 않고 공격한다.

우리는 전자제품과 기계장치가 만들어내는 끊임없는 소음 속에서 살고 있다. 정적을 체험하는 일이 아주 드물어졌다. 전기가 발명되면서 사람들은 각성 시간을 마음대로 선택할 수 있게 되었다. 그리하여 각성 시간이 아주 길게 늘어났고, 자연스럽게 휴식과 이완의 시간은 축소되었다.

우리 조상들은 해가 뜨면 자리에서 일어났다가 어두워져 더 이상 앞을 볼 수 없으면 자리에 들었다. 물론 과거가 모두 다 좋았다는 얘기는 아니다. 하지만 우리는 과거로부터 많은 것을 배울 수 있다.

산업화로 가는 과정에서 잃어버린 여러 가지 기본적인 기능이 있다. 이 기본적인 기능은 대개 우리 신체의 자연스러운 외연이었다. 우리의 몸은 아직도 조상들과 똑같은 방식으로 작동하고 있다. 우리의 행동은 바뀌었지만 두뇌는 바뀌지 않았다.

아니타 골드만은 이에 대해 곱씹어볼 만한 이야기를 들려준다.

우리의 뇌는 오늘날처럼 과부하 된 정보를 다루도록 설계되어 있지 않다. (……) 그보다는 서배너 지역에서 느긋하게 삶을 보내도록 설계되어 있다. 그런 곳에서 우리의 두뇌는 평화와 안식 속에서 여러 가지 감정을 찬찬히 분류할 수 있다.

지속적인 스트레스는 신체의 많은 자동조절 장치를 고장 나게 한다. 생물학적으로 우리 몸은 뭔가 잘못되었다는 분명한 신호를 보내지만, 우리의 이성은 그 신호를 무시한다.

몸이 보내는 신호 알아채기

스트레스는 극단적인 신체 반응을 위한 준비라고 할 수 있다. '싸우거나 도망치거나' 호르몬으로 불리는 아드레날린과 코르티솔이 체내에 다량으로 분비된다. '싸움 혹은 도망' 본능은 인류가 존재한 이래 가장 기본적인 인간 본성이다. 어떤 상황에 닥치면 싸우거나 도망치라고 명령하는 것이다.

스트레스 수준 1

아드레날린 수치, 혈압, 혈당이 상승한다. 싸우거나 도망칠 준비를 하는 것이다. 비축된 에너지에 접근하면서 가능한 한 많은 에너지를 동원하기 때문에 긴장감이나 스트레스를 느낀다. 이 과잉 에너지를 없애기 위해서는 몸을 움직여야 한다. 스트레스는 우리를 행동에 나서게 한다. 사람들은 자극을 느끼고 신체적으로 다소 힘든 일을 해내는 데서 즐거움을 느낀다.

이때 '휴식과 소화' 호르몬인 옥시토신은 아직도 정상적으로 기능한다. 그래서 일단 위협이 사라지면 손쉽게 이완 상태로 되돌아간다.

스트레스 수준 2

코르티솔 수치가 올라가고, 아드레날린 수치는 천장을 뚫어 버릴 정도로 높아진다. 코르티솔은 몸에 비축된 지방을 분해하고 근육 단백질을 동원한다. 우리는 근육 단백질을 소비하는 동안에도 복부 지방을 비축할 수 있다. 코르티솔 수치가 일정 지점에 도달하면 세로토닌 수치가 낮아져서 우울함과 불안감을 유발한다. 높은 코르티솔 수치는 신체를 온전하게 보존하는 데 기여한다. 이완 호르몬인 옥시토신은 따라서 줄어든다. 성호르몬 또한 감소되어 성적 충동이 낮아진다.

사람들은 궤양, 두통, 불면증 같은 신체 증상과 스트레스가 서로 연결되어 있다는 것을 잘 알지 못한다. 몸이 보내는 경고 신호를 무시하면서 무기력해지고 우울함을 느낀다. 모든 일에 짜증이 나서 툭하면 주위 사람들과 싸우게 된다. 그 이유를 알지 못한 채 불안하고 초조하다.

스트레스 수준 3

스트레스 호르몬이 너무 오래 작동하여 곧 쓰러질 것 같은 기분이 든다. 아드레날린 선(腺)은 코르티솔이 계속 생산되는 것을 감당할 수 없다. 그래서 당연한 일이지만 작동을 멈추게 된다. 이것이 우리의 감정, 수면, 기억에 나쁜 영향을 미친다. 중병에 걸릴 위험에 노출되고 성호르몬, 옥시토신, 기타 항우울 호르몬을 생산하는 신체 기능이 크게 떨어진다. 탈진 증세를 보이며, 직장생활과 가정생활이 무의미하게 느껴지고, 미래가 불안하다. 이 시점에서 친구나 가족들과 단절된다. 자신을 제대로 통제하지 못한다. 남들 얘기를 제대로 들어주지 못하고, 심지어 일시적 기억상실증에 걸리기도 한다. 엄청난 불안이 엄습해온다. 자신감을 완전히 잃어버리고 한때 소중하게 여기던 것들을 일체 신경 쓰지 않게 된다. 중증 신경쇠약에 걸린다.

아드레날린 소진

'아드레날린 소진'은 스트레스가 계속되면서 아드레날린 선이 정상적으로 작동하지 않아 심각한 신체적, 정신적 증상을 일으키는 것을 말한다. 공통적인 증상은 아무리 쉬어도 효과가 없는 만성피로, 기억장애, 긴장과 불안, 수면장애, 심장 펄떡거림 등이다. 여기서 중요한 것은 아드레날린 소진이 갑자기 발생하지 않는다는 사실이다. 장기간에 걸쳐 서서히 진행되기 때문에 전조 증상을 무시해버리기 일쑤다. 그러다 무시할 수 없는 순간이 닥쳐오면 큰 병에 걸리게 된다.

적어도 6개월에 걸쳐 여러 가지 스트레스 증상을 겪은 후에야 비로소 아드레날린 소진인지 아닌지 진단할 수 있다.

생활 속에서 스트레스의 원인을 찾아 파악하는 것은 무엇보다 중요하다. 그러면 스트레스를 피하거나 최소화할 수 있다. 물론 당신이 바꿀 수 없는 스트레스의 원인도 있다. 이때 바꿔야 하는 것은 스트레스에 대응하는 방식이다. 당신은 어쩌면 더 많은 불안, 두통, 수면장애, 고혈압, 궤양, 요통, 우울증, 집중력 저하를 일으키는 방식으로 반응하고 있을지 모른다.

LIVE STORY 마츠와 수전의 이야기
뭐라고, 나 때문이라고?

우리 부부는 컨디션이 최악으로 치달아 거의 '뚝' 소리를 내며 부러질 지경이 되었다. 그동안 몸이 계속 경고 신호를 보내왔는데도 그것을 무시한 대가였다. 우리는 늘 피곤했고 아무리 쉬어도 전혀 개운하지 않았다. 언제나 짜증이 났고, 사소한 일로 싸웠으며, 정신을 집중하는 데 어려움을 겪었다. 끝나지 않는 수많은 프로젝트로 시간은 늘 부족했고, 어떤 것도 시원하게 끝맺지 못했다. 우리는 이 상황을 초래한 이유가 다른 데 있다고 생각했다. 하지만 결국 우리 자신이 이 문제의 원인 제공자였다. 이런 상황이 오게 된 건 순전히 우리 책임이라는 사실을 전혀 깨닫지 못한 것이다.

다음은 벡셰대학교 사회심리학 교수인 보세 앙엘뢰브가 한 말이다.

우리는 어릴 때부터 문제 지향적인 사람이 되도록 훈련받는다. 학교에서는 비판적 사고능력을 갖추고 문제를 해결해야 한다고, 해결해야 할 문제를 찾아다녀야 한다고 가르친다. 그래서 우리는 부정적인 문제들, 즉 갈등이나 애로사항에 집중한다. 긍정적인 것들은 전혀 언급하지 않으며 어떻게 대응해야 하는지도 모른다. 생각해보라. 하루 일과를 끝내고 그날 잘 안 된 일보다 잘된 일을 생각하는 습관을 들이면 스트레스가 파고들 공간이 없어진다. 일, 가족, 친구 등을 생각할 때 나쁜 것만이 아니라 좋은 것도 분석할 필요가 있다. 거기서부터 더 좋은 일을 만드는 쪽으로 나아갈 수 있다. 긍정적인 마음가짐이 당신의 생각을 바꿀 것이다. 스트레스 대신 활기찬 에너지가 당신을 채울 것이다.

♯

"많은 사람들이
여유롭게 쉴 시간을 얻기 위해
돈을 벌려고 애쓰는데
그 과정에서 너무 많은 스트레스를 받는다."

— **오토 루트비히**

나를 바꿀 수 있는 것은
나 자신뿐이다

유명한 스웨덴 화가가 신경쇠약 직전이라는 신문기사를 보았다. 그 기사의 헤드라인은 이러했다.

> 나는 거의 신경쇠약에 걸릴 뻔했으나 이제 신경 꺼버리는 방법을 배웠다.

스트레스를 받을 때 가장 위험한 일은 몸이 보내오는 경고 신호를 무시하는 것이다. '신경 꺼버리기'는 종종 몸이 완전히 탈진하는 첫걸음이 되기도 한다.

내 '신경 꺼버리기' 능력은 훌륭했다. 문제가 켜켜이 쌓였지만 그것들을 무시해버렸다. 한참 지나서는 더 큰 문제도 쉽게 무시할 수 있었다.

어린 시절부터 혼자 있을 때면 '나는 뛰어난 사람이 아니야', '남들이 날 이해해주지 않아' 하는 생각으로 괴로웠다. 친구가 많고 괴롭힘을 당하지도 않았지만 그래도 소외된 느낌이 들었다. 그때 누군가가 내 말을 진지하게 들어주었다면 좋았을 텐데. 내 감정을 긍정적으로 받아줄 사람도, 내 질문에 답해줄 사람도 없었다. 내가 느끼는 감정이 이상할 게 없으며, 다른 사람들도 그렇다는 것을 말해줄 사람이 필요했다. 하지만 내게는 그런 사람이 없었다. 그래서 나는 아예 신경을 꺼버리기로 했다. 물결이 흘러가는 대로 나 자신을 맡겨두면서 인생의 조수(潮水)에 밀려 둥둥 떠다녔다. 스스로 내 인생의 배를 운항하지 못했다.

이보다 몇 년 뒤로 시간을 돌려보자. 마츠와 나는 최악의 상태였다. 나는 몸이 아팠지만 감정을 다 꺼버리고 무시했다. 그렇다고 누가 대신 딸을 돌보고 집안일을 해나갈 것인가? 건강에 문제가 있다는 것을 인정하기 싫어서 나는 그저 부정으로만 일관했다. 마츠와 내가 동시에 큰 병에 걸려 쓰러진다면 집안 꼴

이 어떻게 될지 상상하기도 싫었다.

마지막 남은 힘을 쥐어 짜내며 버텼다. 물론 쓰러질 것 같은 순간도 있었다. 두려움에 압도되었고 완전히 무기력한 느낌이 들었다. 온몸은 긴장 덩어리였고 허리 통증과 근육통을 달고 살았다. 그래도 평소대로 살아가기로 마음먹고 그런 신호들을 무시해버렸다.

그러자 밤에 불면증이 생겼다. 계속 아래로 추락하면서 깊은 우울증에 빠져들었다. 내 몸은 이제 그만 멈추고 잠시 휴식을 취하면서 심호흡을 하라고 내게 비명을 지르고 있었다. 하지만 어떻게 그럴 수가 있겠는가? 나는 아버지가 가르쳐준 대로 계속 앞으로 나아가야 했다. 휴식은 다음 생에서나 가능한 것이었다. 어떻게 해야 몸이 편안해지는지 까맣게 잊어버렸다. 원래 인생이란 이렇게 바쁘게 사는 것이라고 생각했다.

LIVE STORY 마츠의 이야기
삶을 대하는 내 태도가 문제였어

최악의 상태에서 내게 가장 필요했던 것은 누군가와 허심탄회하게 나누는 대화였다. 하지만 나도 수전과 마찬가지로 이미 신경을 꺼버리고 있었다. 몸의 회복을 더 이상 우선순위로 여기지 않았다. 그 대신 우리 집의 재정 상태, 내 회사의 성공에 집중하기로 했다. 달력은 매일 회의로 가득 차 있었다. 오늘 할 일 리스트에서 한 가지 사항을 해치우면 또 다른 할 일이 그 자리를 차지했다. 일은 완전히 끝나는 법이 없었고, 나는 일을 멈출 수 없었다. 일의 우선순위를 정하고, 명료하게 생각하고, 명확한 한계를 설정하고, 다른 사람에게 "안 돼"라고 말하기가 점점 더 어려워졌다.

나도 수전과 마찬가지로 엄청난 무기력감을 느꼈다. 밤잠을 제대로 자지 못했고, 위궤양이 생겼으며, 허리가 심하게 아팠고, 온갖 근심 걱정으로 괴로웠다. 더는 버티지 못할 것 같은 느낌이 들었으나 어디서 도움을 받아야 할지 막막했다. 정신과 의사에게 찾아가 상담하는 것은 말도 안 된다고 생각했다. 그런 건 심각한 정신병에 걸린 사람이나 하는 짓이었다.

그러다 체육관에서 누군가 유명한 심리코치인 스티그 세데에 대해 이야기하는 것을 들었다. 그는 정신과 의사가 아니어서 어쩐지 도움이 될 것 같았다. 나는 그에게 연락했고 어린 시절에 겪었던 문제들을 나누었다. 다른 사람에게는 절대 얘기한 적이 없는 일들을 고백했다. 그런데 이 마음의 부담을 다른 사람과 공유하는 것이 아주 큰 해방감을 가져왔다. 그는 내게 긴장을 푸는 훈련을 몇 가지 가르쳐주었고, 나는 점차 스트레스를 덜 받기 시작했다. 마침내 그는 인생을 대하는 내 태도가 문제의 근본 원인이라는 것을 깨닫게 해주었다. 스티그는 나를 설득해 인지심리학자를 찾아가게 했다.

그 당시 나와 수전의 관계는 계속 나빠지고 있었다. 우리는 소통하기가 어려웠고 서로 오해하기 일쑤였다. 어느 날 스티그는 나와 수전을 초대하여 그의 아내 에바와 함께 만나게 했다. 두 명의 외부인이 수전과 내가 말하는 내용을 쉬운 말로 지적해주고 해석해주는 것은 아주 놀라운 경험이었다. 그때 다른 부부를 만나 우리 부부의 문제를 논의하는 것이 필요하다는 사실을 알았다.

돌이켜 생각해보면 스티그 부부와 나눈 다정한 대화가 부부관계의 위기를 이겨낸 힘이었다고 확신한다. 상대방의 말을 들어주고 상대방에게 생각할 공간을 마련해주고 서로 타협하는 것이 얼마나 중요한지 깨달았다. 나를 바꿀 수 있는 사람은 나 자신밖에 없다. 부부관계가 원만하게 흘러가려면 그걸 깨닫는 것이 가장 중요하다.

신경 꺼버리기의 나쁜 측면은 우리의 몸 상태가 얼마나 나쁜지 알아채지 못하게 한다는 것이다. 어떤 일에 몰입하면 당신의 관심은 완전히 자신에게서 벗어나게 된다. 당신과 사랑하는 사람들을 어떤 상황으로 몰아넣는지 전혀 깨닫지 못한다. 주말이 돌아오면 불안하게 뒤척거린다. 뇌가 마침내 휴식을 취하면서 명상을 할 수 있게 되었는데 오히려 공허해지는 것이다. 요통, 두통, 무력감, 감기 기운도 느낀다. 그러다가 월요일이 돌아오면 또다시 신경을 꺼버린다.

이미 우리는 다른 일에 에너지를 투입해야 할 때가 오면 신경을 꺼버리는 것이 습관이 되었다. 요통과 두통을 무시해버리고, 각종 문제들을 억압하면서 당신이 해야 할 일에만 집중한다. 그 일을 멈출 수 있는 유일한 계기는 아파서 침대에 드러눕거나 입원하는 것뿐이다.

우리는 치통을 느끼면 곧바로 치과를 찾아가고, 고장 난 자동차는 정비소로 끌고 간다. 그런데 정신적으로 힘들면 도움을 청하기를 두려워하고 부끄럽게 여긴다. 선택의 여지가 없을 때까지 기다리지 마라. 너무 늦기 전에 지금 당장 도움을 청하라. 배우자나 친구와 이야기해보는 것도 좋지만 전문 치료사를 대신하지는 못한다.

심각한 스트레스를 유발하는 데는 여러 요인이 있는데 구체적인 사례는 다음과 같다.

- 약점이 없는 사람처럼 보이고 싶어 한다.
- 늘 생산적인 사람이 되라는 말을 들으며 성장했다.

- 자신의 문제점을 이야기하지 않는다. 남들은 다 멀쩡하게 살아가고 있기 때문에 나 또한 그래야 한다고 생각한다.
- 남에게 부담이 되는 것을 싫어한다.
- 도움을 청하는 것을 어려워한다.

그 어떤 것도 할 필요가 없는 상황을 1초 만이라도 상상해보라. 당신은 혼자가 아니다. 도움을 요청하는 것은 인간적인 일이다. 당신은 상황을 바꿀 힘이 있다. 도움의 손길을 언제든 발견할 수 있다.

행복해지고 싶다고
말만 하고 있지 않니?

"당신의 과거에서 도망치거나 과거에서 배우거나."

어린 시절을
있는 그대로 받아들여라

내가 나 자신에게 부여하는 높은 기대치는 아주 어릴 적부터 작동하기 시작한다. 어린 시절, 우리는 있는 그대로의 모습으로 사랑받는다고 느끼지 못한다. 집안일을 잘 돕고 학교에서 좋은 성적을 얻어야 사랑받는다고 생각한다. 내가 올린 성과에 따라 가치를 평가받는다. 그래서 어른이 되면 해야 할 많은 일들로 달력을 빽빽이 채워 넣는다. 사랑받고 인정받고 남들의 호감을 사는 것, 나에게 가장 중요한 욕구는 그런 걸로 충족된다고 믿는다. 우리는 성과가 사랑을 가져다준다고 배웠다.

부모는 자녀들의 교사이지만, 부모 자신도 나름의 문제와 장단점이 있다. 당신의 부모가 과거에 실수를 했다면 용서하려고 애쓰라. 어린 시절을 있는 그대로 받아들여라.

"당신의 아이가 당신을 용서해주기를 바라는 만큼

당신의 부모를 용서해주어라."

― 구닐라 하글룬드

불안증을 앓는 사람들은 성장 환경에 공통점이 있다. 다음은 어린아이인 당신이 바꿀 수 없었던 것들이다.

- 비현실적인 기대치를 가진 부모
- 칭찬, 인정, 격려를 해주지 않는 부모
- 가정 내의 이혼이나 죽음
- 가정 내의 긴장 상태
- 가정 내의 알코올 중독
- 부모를 대신하여 맡아야 하는 책임
- 강압적인 환경
- 자기 느낌을 표현하거나 보여주지 않는 가족
- 과잉반응하는 가족

- 언제나 내 가치를 <u>스스로</u> 증명해야 한다는 느낌
- 여러 갈등이 벌어지는 불안정한 가정생활

LIVE STORY 수전의 이야기
모든 것은 어린 시절에 시작되었다

열두 살 무렵, 남자친구 집에 놀러 갔다가 통금 시간보다 한 시간 늦게 집에 돌아왔다. 집에 와보니 아버지가 현관에서 나를 기다리고 있었다. 너무 화가 나서 귀에서 김이 막 나오는 것처럼 보일 정도였다. 아버지는 내게 왜 늦었느냐고 물어보지도 않고 소리부터 질렀다. 나는 일방적으로 당한다는 느낌, 오해받고 있다는 섭섭함, 사랑받지 못하는 외톨이라는 느낌이 들었다. 어머니는 옆에서 단 한마디도 하지 않았다. 아마도 너무 겁을 먹어서 아버지에게 감히 대들 생각을 하지 못한 것 같았다. 나는 늦은 귀가에 대한 벌로 일주일 동안 외출 금지를 당했다.

이 이야기는 아버지에 대한 내 생각에 영향을 미친 여러 사소한 일들 중 하나다. 아버지는 걱정이 되거나 두려우면 언제나 공격적인 태도를 보였다. 분노하는 대신 아버지가 나에게 그 걱정이나 두려움을 털어놓았다면, 우리 부녀는 서로를 잘 이해했을 것이다. 하지만 아버지는 자기감정을 단 한 번도 말한 적이 없었고, 내 감정을 물어본 적도 거의 손에 꼽을 정도였다.

당신의 성격 중 가장 특별한 부분은 어린 시절 겪었던 일에서 비롯된다. 다음은 당신의 힘으로 완벽하게 바꿀 수 있는 것들이다.

- 낮은 자존감
- 완벽주의
- 지나친 긴장
- 모든 것이 내 잘못이라는 태도
- 비현실적인 기대치
- 결정을 잘 내리지 못하는 불안증세
- 강박증

또한 당신이 다음과 같은 기질을 가진 사람이라고 해도 자신을 충분히 바꿀 수 있다.

- 남의 비판에 민감하다
- 지나치게 남을 비판한다
- 다른 사람들의 문제에 쉽게 영향을 받는다
- 남들이 나를 어떻게 생각할까 끊임없이 의식한다
- 중병에 걸리지 않을까 걱정한다

- 내일이 오는 것이 두려워 '~한 일이 벌어지면 어떡하지?'라고 언제나 자문한다

　사람들은 외적 욕구를 충족시키는 일은 참 잘한다. 배고프면 음식을 만들어 먹고, 피곤하면 잠을 자고, 아프면 의사를 찾아간다. 반면에 남들과 어울리고, 자기 가치를 인정받고, 남의 이목을 집중시키고, 무언가를 즐겁게 하고 싶은 내면의 욕구는 종종 잊어버린다.

　우리는 한평생 남들로부터 자기가 어떤 사람이라는 얘기를 듣고 산다. 그리고 그게 곧 자기 자신이라고 생각하곤 한다. 하지만 가끔 이런 생각을 해본 적이 있지 않은가? 그것은 진정한 내가 아니라고. 내 인생을 내 책임으로 받아들여야 한다. 어쩌면 당신은 남들이 부여한 정체성을 좋아하지 않을 수도 있다. 그렇다면 가짜 정체성을 내던지고 이렇게 말해보라.

　"내가 진정 어떤 사람이 되고 싶은지 알고 싶어!"

　진정으로 되고자 하는 모습을 발견하고 그런 사람이 되는 것이야말로 당신 인생에서 가장 흥미진진하고 중요한 도전이다.

"학대받은 아이는
부모를 사랑하지 않는 데서 그치지 않는다.
그 아이는
자기 자신을 사랑하지 않게 된다."

— 예스퍼 율

나를 사랑해주는 기술
"나도 내가 참 좋아"

당신을 괴롭히는 지나치게 부정적인 생각들은 아주 어린 시절에 시작되었다. 불행하게도 여러 상황과 사건이 겹치면서 거부당하는 느낌, 어울리지 않는 느낌, 잘 적응하지 못하는 느낌이 들었을 것이다. 어쩌면 어린 시절에 거의 칭찬을 듣지 못했을지 모른다. 부당하게 처벌받고 비난당하거나 학대당했을 수도 있다. 그리하여 나는 가치 없고, 멍청하고, 신통치 못하고, 잘 어울리지 못하는 사람이라는 결론에 도달했다. 나 자신을 무가치하고 하찮은 사람으로 여기게 되었으리라.

당신은 거절당하는 것이 두려워, 혹은 모든 것이 완벽하지 않으면 안 된다는 생각에 자기 생각을 솔직하게 털어놓지 못한다. 그래서 실제로 거절당하거나, 실패하거나, 통제하지 못할 것 같은 상황이 되면 '나는 무가치하고 멍청한 사람'이라는 오래전의 결론이 되살아난다. 조만간 당신은 불안증세로 아무것도 제대로 하지 못할 것 같은 생각이 들 것이다. 갈등이라면 무조건 피하고 보고, 지나치게 조심하고, 금방 포기하고, 어떤 것도 감히 해볼 생각을 하지 못한다.

이 모든 것이 점점 더 자기 부정적인 생각을 확증해준다. "나는 잘 어울리지 못해", "나는 좋은 사람이 아니야", "나는 바보 같아", "나는 태어나지 말았어야 해"라고 생각하는 것이다. 이런 악순환이 계속되면 결국 우울증에 빠진다. 많은 사람들이 낮은 자존감으로 힘들어한다.

스스로 자신의 가치를 믿어야 한다. 그러지 않으면 남들에게 확인받거나 소유한 물질로 가치를 인정받으려 할 것이다.

**"우리가 내면에서 느끼는 것이
반드시 외부로 드러나는 것은 아니다."**

자존감이 높아지면 자연스럽게 남의 결점도 잘 받아들인

다. 그래서 남들과 함께 일하는 것이 수월해진다. 높은 자존감은 용기를 심어준다. 생각하는 바를 거침없이 말하고, 적절한 결정을 내리고, 새로 만난 사람들과 좋은 유대관계를 맺는다. 남들을 높이 치켜세워주고, 언제 겸손하게 행동해야 하는지 알며, 다른 사람의 이야기를 경청한다.

자존감을 높이려면 있는 그대로의 내 모습을 칭찬해주어야 한다. 나 자신을 좋아할수록 나에게 만족하고, 이에 비례하여 나 자신을 비판하지 않게 된다. 전에 해본 적이 없거나 시도하기를 두려워하는 일에 과감히 도전함으로써 자신감이 커진다.

나 자신을 새로운 방식으로 대접해보라. 내가 나에 대해 생각하는 것이 남들이 나에 대해 생각하는 것보다 훨씬 중요하다.

나의 긍정적인 부분에 집중하면 더 낙관적인 사람이 될 것이다. 주위에 긍정적인 에너지를 널리 퍼트릴 것이다. 그러면 더 긍정적인 에너지를 돌려받게 마련이다. 여기에는 연습이 필요하다. 적극적인 사람이 되어 사고방식을 바꾸는 것은 얼마든지 가능하다.

당신을 지지하고, 당신이 잘되기를 바라는 사람들을 주위에 두도록 노력하라. 적극적인 메시지와 확신이 나를 둘러

싸도록 하라. 나에게 보내는 종이쪽지를 써서 냉장고, 거울, 노트북 등 날마다 볼 수 있는 곳에 붙여놓아라. 무엇보다 가장 좋은 실천은 매일 저녁 '감사 일기'를 쓰는 것이다.

1. 침대 옆에 수첩 한 권을 놓아두라.
2. 밤마다 잠들기 전에 고맙게 여기는 것 세 가지를 기록하라. 그날 벌어진 일도 좋고, 인생 전체에서 그날 생각나는 고마운 일이어도 좋다.
3. 내가 고맙게 생각하는 나의 좋은 점, 다른 사람의 훌륭한 점도 적어보라.

- 감사
- 일기

1. _____

_____

_____

_____

2. _____

_____

_____

_____

3. _____

_____

_____

_____

_____

행복해지고 싶다고 말만 하고 있지 않니?

일어나지도 않을 일을
왜 걱정해?

자신이 곧 죽는다는 사실을 알게 된 85세 노인은 이렇게 말했다.

"내가 인생을 다시 한번 살 수 있다면 실제 문제가 되는 것들을 걱정하면서 살아갈 것이다."

한 연구조사에 의하면 스웨덴인은 평균적으로 주당 약 20시간을 걱정을 하며 보낸다고 한다. 그러니 심하게 스트레스를 받는 사람들은 그보다 두 배나 더 많은 시간을 걱정하며 보낸다는 말이다. 그 시간을 지금 이 순간을 즐기는 데 쓰면 얼마나 좋을까? 미래를 향한 긍정적인 목표를 설정하는 데 사용하면 어떨까?

걱정이 많은 사람들은 동시에 건강염려증 환자다. 그들은 곧 불치병에 걸릴지 모른다고 끊임없이 걱정한다.

미래가 걱정된다면 이렇게 한번 해보라. 당신이 두려워하는 시나리오가 벌어질 가능성이 얼마나 되는지 여러 번 자기 자신에게 물어보라. 그런 일이 일어날 거라고 생각하는 게 현실적인가? 결국 당신은 걱정하는 일이 실제로는 거의 일어나지 않았음을 발견할 것이다. 자신에게 큰 목소리로 물어라.

"나는 왜 벌어지지도 않을 일을 그렇게 걱정했을까?"

🪑 LIVE STORY 마츠의 이야기
이 공포는 현실적인가?

나는 늘 수전이나 딸 율리아에게 무서운 일이 벌어질까 걱정했다. 특히 수전이 장거리 여행을 떠나면 더 심해졌다. 비행기 추락 사고나 연쇄충돌 교통사고 같은 무서운 장면을 떠올리고는, 심지어 아내가 죽은 후에 어떻게 살아갈지를 걱정했다. 온몸이 산산이 조각나는 듯한 기분이었다. 정신이 혼미해지고 점점 더 불안증이 심해졌다.

이제 나는 황당한 상상을 하면서 시간을 낭비하지 않는다. 이 공포가 현실적인 것이냐고 자문한다. 물론 결코 현실적이지 않다. 내가 걱정한다고 수전의 상황에 영향을 미칠 수 있는가? 전혀 아니다.

건강이 염려되면 걱정이 현실로 일어날 수 있는지 반문한 뒤 의사를 찾아간다. 그런 다음 필요한 검사를 다 해달라고 요청한다. 만약 검사한 결과 내 생각이 타당한 것으로 판명되면 적시에 의사에게 찾아가기를 잘했다고 생각할 것이다. 하지만 병을 발견할 가능성은 아주 낮다는 것을 안다.

다음은 비현실적인 걱정을 떨쳐버리는 방법이다.

매일 밤 일정한 시간, 예를 들어 밤 8시 50분부터 9시까지 10분 동안 나만의 '걱정 시간'을 설정하라. 낮에 어떤 것이 걱정된다면 그건 이따 걱정 시간에 생각하면 된다고 자신에게 말하라. 그리하여 밤 8시 50분이 되어 내 모든 근심과 걱정에 대응하려고 하면, 그것 중 90%가 이미 사라졌음을 발견할 것이다. 그래도 사라지지 않는 걱정에는 다음과 같은 조치를 취하라.

1. 종이에 당신의 걱정거리를 적어라.
2. 그 문제를 해결하거나 최소화할 수 있는 조치를 적어라.

3. 조치를 언제 취할 것인지 시간을 적어라.

4. 그 조치를 실행했는지 확인하라.

또 다른 효과적인 방법도 있다. 당신이 지금 시냇가나 강 옆에 앉아 있다고 상상하라. 커다란 단풍잎이 강물로 떨어져 물살 위에서 흘러내려 간다. 당신의 근심과 염려되는 마음을 모두 그 잎사귀 위에 올려놓고 흘려보내라.

🪑

"걱정은 시간 낭비다.
걱정은 아무것도 바꾸지 못한다.
당신의 행복을 빼앗고,
지금 이 순간을 즐기는 것을
방해할 뿐이다."

— 마츠 빌마르크

불안은
내가 나를 겁주는 것

불안은 당신이 적극적인 사람이라는 것을 보여주는 표지다. 당신은 똑똑하고, 아주 창조적이고, 무한한 상상력을 지녔다. 이런 자질을 올바르게 사용한다면 가장 좋은 부모, 배우자, 친구가 될 수 있다는 연구가 있다. 하지만 불행하게도 불안증이 있는 사람은 그 똑똑한 두뇌의 힘과 창조성을 자신을 겁주어 병나게 하는 데 쓰는 경향이 있다. 모든 것을 지나치게 분석하고, 무서운 참사를 머릿속에서 상상한다.

불안이 당신을 사로잡도록 내버려 두면 현재 하고 있는 모든 사소한 일들을 의심하게 된다. 인생은 신나는 모험이 아니라 시험과 시련으로 가득한 악몽이 되어버린다. 많은 사람들이 걱정과 불안에 사로잡힌 나머지 그것을 생활의 한 부분으로 받아들인다. 우리는 불안을 완전히 정복한 후에야 비로소 그것이 우리의 시간, 힘, 에너지를 얼마나 많이 빼앗아갔는지 알게 된다.

스트레스와 압박이 심할 때 걱정과 불안이 스멀스멀 기어 들어 와 불편한 느낌을 안겨준다. 불안증을 앓고 있는 사람들은 다음과 같은 증상으로 고생한다.

- 겁을 주는, 통제 불가능한 생각
- 우울함
- 심한 두통
- 발한
- 심장의 펄떡거림
- 무기력
- 심한 피로감
- 탈진 증세
- 갑작스러운 공포
- 근육 긴장
- 무가치한 느낌

이런 불안증세를 느끼면 공격적으로 행동하거나 지나치게 의심하는 등 방어적인 태도를 취한다.

🪑 LIVE STORY 헨리크의 이야기
불안은 영혼을 잠식한다

헨리크는 대기업에서 경제 분석가로 일하는 서른 살 남자다. 결혼한 지 4년이 되었고 두 살 난 아들이 있다. 헨리크가 종종 죽음에 대해서 걱정한다는 사실은 아무도 모른다. 어느 날 그는 갑자기 가슴에 심한 통증을 느꼈다. 심장마비가 왔다고 확신하며 곧바로 병원을 찾아갔다. 의사는 그에게서 아무런 이상도 발견하지 못했다.

그 후 6개월 동안 이 시나리오가 여러 번 반복되었다. 헨리크는 자신이 무서운 병에 걸렸다고 상상하기 시작했다. 허리에 통증을 느끼고서는 두려움에 떨며 암일 거라고 생각했다. 며칠 뒤 심한 두통이 오자 뇌종양일 거라고 확신했다. 불안감을 억누르기 위해 헨리크는 점점 더 술을 많이 마시게 되었다. 마침내 그는 전문적인 도움이 필요하다는 것을 깨달았다. 그는 불안증을 앓고 있었다.

스웨덴 사람들은 4명 중 3명꼴로 본인이나 주변 사람에게서 심인성 질환을 목격했다. 심인성 질환은 스웨덴에서 병가를 내는 첫 번째 사유다. 그럼에도 불구하고 자신의 불안증을 공개적으로 말하는 사람은 아주 극소수다. 슬프게도 이런 침묵 때문에 많은 사람들이 아주 오래 망설이며 도움을 요청하지 않는다.

불안은 정서적 장애다. 공포, 걱정, 긴장을 주된 특징으로 하는 심리 상태다. 공포, 걱정, 긴장은 대체로 실제로 일어나지 않는 상상 속의 위협에서 생겨난다. 그런데 문제는 뇌가 실제와 허구의 위협을 구분하지 못한다는 것이다. 우리 몸은 이 두 위협에 맞서서 싸우거나 도망친다. 그래서 앞으로 일어날지 모른다고 생각하는 일을 상상하는 순간, 체내에서 아드레날린이 분비되고 불안감이 생겨난다. 걱정과 불안은 당신의 생각으로부터 생겨나는 것이지, 다른 사람이나 주위 환경에서 생겨나는 것이 아니다. 우리는 자신이 상상하는 부정적 생각들을 믿어버리는 실수를 저지른다.

🪑 LIVE STORY 마츠의 이야기
불안을 다스리는 법을 배울 것

나는 거의 한평생 불안에 시달려왔다. 일곱 살 이래 앞으로 무서운 일이 벌어질지 모른다고 끊임없이 상상해왔다. 언제나 뭔가 잘못되었다는 느낌이 들었다. 내가 불안증을 앓고 있다는 사실을 처음으로 깨달은 것은 스물다섯 살 때였다. 항상 느껴오던 막연한 불안감의 정체를 똑바로 알게 된 것은 아주 큰 안도감을 안겨주었다. 나는 불안증이 불치병이 아니며, 잘 관리하면 없앨 수도 있는 증세라는 사실을 알았다. 불안감이 에너지를 엄청나게 빼앗아가고 내 인생에 많은 제약을 가했다는 것을 깨달았을 때, 나는 불안을 다스리는 법을 깨우치기 위해 어떤 어려운 일도 마다하지 않겠다고 단단히 마음먹었다. 내 인생에서 가장 훌륭한 결정이었다.

공포와 불안을 극복하는 세 단계

1. 공포와 불안을 조종하는 메커니즘 깨우치기
2. 사고방식, 정서적 반응, 구체적 행동을 바꾸는 효과적인 기술 배우기
3. 이전에 나를 불편하게 했던 것을 직접 해봄으로써 새로운 기술 익히기

불안을 다스리는 방법

- 당신의 불안 시나리오가 실제로 벌어질 확률이 적다는 사실을 기억하라.
- 상황을 현실적으로 바라보라.

- 예측할 때는 객관적인 사실을 활용하라.
- 긍정적인 정보를 포함하여 입수할 수 있는 모든 정보를 활용하라.
- '~하면 어쩌지'라는 생각을 객관적인 사실이 아니라 공상이라고 여겨라.

심한 불안감은 혼자만의 힘으로는 극복하기 어려울 수 있다. 그럴 때는 의사에게 도움을 요청하고 지금 상황을 어떻게 느끼는지 상담할 것을 권한다. 의사의 치료를 받기로 했다면 인지행동치료를 병행하는 것이 좋다.

이제 "안 돼"라고
말해도 돼

죄의식을 느끼는 사람은 과거에 몰두하면서 시간과 에너지를 낭비한다. 우리는 누구에게나 다정하고 친절하고 싶다. 도와주고 싶고, 격려해주고 싶다. 하지만 그렇게 하다 보면 자신을 위한 시간은 별로 남지 않게 된다. 남들을 챙기느라 자신을 보살피는 데 소홀하면 자기 모멸감이 생길 수 있다. 우리는 일정한 한계를 정하지 못하고 "안 돼"라고 말하지 못하면서 스스로에게 실망한다. 죄의식을 느끼고 낙담한다. 분노하고, 짜증을 내고, 우울해한다.

　어린 시절에 겪은 일들 가운데 부모의 별거나 이혼, 가정

_____ PART 2
행복해지고 싶다고 말만 하고 있지 않니?

폭력처럼 정신적 상흔을 남기는 사건이 죄의식을 낳을 수 있다. 하지만 어린 시절에 무슨 일이 벌어졌든 그것은 당신의 잘못이 아닐 가능성이 높다. 사실이 그러한데도 사람들은 오랫동안 괴로워하면서 죄책감을 그대로 간직한다.

🪑 LIVE STORY 한 여자의 이야기
부모님을 사랑하지 않아요

우리를 찾아온 한 여자는 부모님을 사랑하지 않아서 오랫동안 죄책감을 느껴왔다. 그녀는 자랄 때 부모와 좋은 관계를 유지하지 못했다. 부모님은 자기감정을 말하는 법이 없었고, 아이들에게 무엇을 어떻게 느끼는지 묻지도 않았다. 어떤 행동을 해도 격려, 칭찬, 응원을 해주지 않았다. 갈등은 시원하게 해결되는 법이 없었고 언제나 옆으로 제쳐두고 무시해버렸다. 그녀는 부모에게 자기 문제를 말할 수 없었다. 자신이 정상이 아니라고 생각하면서 우울해했다.

하지만 어른이 되면서 통찰을 얻게 되었다. 부모에 대한 자신의 감정이 전혀 잘못된 게 아니라는 것. 실제로 그녀의 잘못이 아니었다. 그녀는 벌어진 일은 이미 벌어졌다는 사실을 받아들였고 부모를 용서했다. 그러자 부모님과의 관계가 차차 나아졌다. 지금은 아무런 죄책감 없이 부모님을 만날 수 있다.

과거의 감정에서 빠져나와 나 자신을 용서하면 죄의식은 저절로 사라진다. 당신은 그저 평범한 인간일 뿐이다. 때로는 부족하고 완벽하지 않은 나를 돌아볼 필요가 있다. 가끔은 나 자신에게 게으름을 허용하라. 언제든 실수할 수도 있다는 것을 인정하라. "안 돼"라고 과감하게 말하는 법을 배워라. 한계를 정하는 방법을 배워라.

당신의 죄의식의 근원이 무엇이든 그것은 낮은 자존감과 관련이 있다. 자존감은 자기 자신을 얼마나 가치 있는 존재로 여기는지 드러내는 방식이다. 나를 받아들이려 애쓰라. 존재하는 모습 그대로의 나를 좋아하라. 죄의식을 벗어던지기 위해 나 자신과 남들을 용서하는 법을 배워야 한다. 물론 실천하기가 쉽지 않다. 하지만 용서해야만 비로소 죄의식을 극복하고 앞으로 나아갈 수 있다.

"용서는
당신의 과거를 바꾸는 것이 아니라
미래를 바꾼다."

현실적인 기대치를
설정해야 하는 이유

자기 자신이나 주위 사람들에게 실망하곤 하는가? 실망은 너무 높은 기대 때문에 생겨난다. 비현실적인 기대는 삶에서 끊임없이 실망을 만들어낸다. 이것이 스트레스와 근심 걱정으로 돌아온다.

누구나 이런 경험이 있을 것이다. 한껏 기대에 부풀어 어떤 모임에 갔는데 기대와는 다르게 전혀 재미가 없다. 이렇게 실망하는 이유는 당신이 이 모임을 상상하면서 너무 많은 시간을 보냈기 때문이다. 반면에 우연히 가게 된 모임에서 의외로 아주 즐거웠던 경험도 있을 것이다. 지금 이 순간을 즐기지 않고 미래에 집중하면 기대치는 점점 높아지게 마련이다.

당신의 일상이 울적하고 미적지근하다면 신나는 계획을 다 미래로 미루어두었기 때문이다. 미래에 벌어질 일만 기대하면서 지금 이 순간을 살아간다면 틀림없이 문제가 생기고 만다.

반대로 일상을 조금 더 특별한 것으로 만들고 사소한 일들을 고맙게 여긴다면, 지금 이 순간에 집중하기가 한결 쉬워진다. 그러면 미래에 대한 기대치를 높일 필요가 없다. 또 지금 여기가 아닌 미래의 어떤 곳을 동경하는 마음도 차차 사라진다.

지금 당신이 우울하다면, 어떤 일 혹은 어떤 사람이 기대에 부응하지 못했기 때문이다. 때로는 일이 잘못되고 계획은 틀어진다. 사람들은 당신을 실망시키게 마련이다. 남들 마음이 내 마음 같지 않고, 내가 남을 대하듯 남들이 나를 대해주지도 않는다. 다른 사람들이 늘 공정한 것은 아니다. 하지만 당신은 그들에게 반응하는 방식을 선택할 수 있다. 당신에게 불공정하게 대할 때 어떻게 할 것인지도 정할 수 있다.

LIVE STORY 마츠의 이야기
기대하면서 스트레스받지 마라

내가 강연 원고를 미리 준비하는 사람이었다면 스트레스받는 길을 선택한 것이다. 나 자신에게 이렇게 말하면서. '마츠, 이 강연을 망치면 안 돼. 꼭 얘기해야 하는 내용을 잊어버리지 마!' 그리하여 나는 너무 긴장한 나머지 아예 연단에 올라가지 못할 수도 있다. 정반대로 현실적인 기대치를 설정하면서 이렇게 말하는 걸 선택할 수도 있다. '나는 이 강연을 최선을 다해 준비했어. 그래서 어떻게 끝나든 만족할 거야. 최선을 다했으니까.' 두 가지 선택의 차이를 알아보았는가? 두 방식은 아주 다르다. 나는 현실적인 기대치를 설정할 때 스트레스를 받지 않고 느긋하다. 그러면 강연이 훨씬 잘 진행된다.

우리는 좋은 인상을 주기 위해 스스로에게 비현실적인 기대치를 설정하곤 한다. 하지만 이것은 아주 비인간적인 처사다. 당신의 가치는 실적이나 성과에 달려 있지 않다. 완벽히 하려고 필사적으로 노력하기보다는, 가능한 한 좋은 기분을 유지하면서 나에게 만족하려 애써야 한다. 이 세상은 공평하지도 완벽하지도 않다.

기대치를 낮추고, 좀 더 현실적이 되고, 이미 가진 것에 만

족한다면 더 평화로운 삶을 살 수 있다. 기대치가 현실적일
수록 지금 이대로가 훌륭하다고 만족할 가능성이 커진다.

"우리는 머리를 너무 많이 굴리는 반면
몸으로 느끼는 일은 너무 적게 한다."

— 찰리 채플린

심각한 스트레스와 불안에서 벗어나려면 변화해야 한다.
큰 기대를 버려야 한다. 나 자신, 타인, 그리고 이 세상을 새
롭게 이해해야 한다. 우리는 일상생활에서 끊임없이 자기
자신에게 높은 기대치를 부여하고는 거기에 부응하려 노력
한다.

- 더 좋은 부모 되기
- 더 좋은 배우자 되기
- 가족과 더 많은 시간 보내기
- 더 많은 돈 벌기
- 학교로 돌아가서 더 공부하기
- 체중 조절하기
- 직장 바꾸기

이런 소망과 약속은 어디에서 오는가? 부모, 친구, 배우자에게서 올 것이다. 당신이 반드시 해야 하는 일 목록을 작성해보라. 그런 다음 스스로 결정하지 않은 일들은 삭제하라. 목록 가운데 어떤 것은 현실적이고 어떤 것은 그렇지 않을 것이다. 건강을 위해 살을 빼려고 하는가? 아니면 배우자의 잔소리를 만족시키려고 애쓰는 것인가? 스스로 원해서 공부를 더 하려 하는가, 아니면 부모가 '좀 더 나은 사람'이 되라고 요구해서인가? 자신에게 솔직해져라.

당신이 해야 할 일은 '반드시 해야 할 일' 목록을 현실적으로 바꾸는 것이다. 그 목표가 당신이 정말로 하고 싶어 하는 것인지 확인하라. 진정으로 하고 싶어서 스스로 선택한 목표라야 목록을 당신의 목표로 전환할 수 있다. 이제 목표를 어떻게 성취할지 면밀하게 생각해보라. 내일 당장 실천할 수 있는 계획을 짜보라.

너무 늦었을 때는 없다. 너무 늦은 때라는 것도 없다. 당신이 정말로 하고 싶은 것을 얼마나 간절히 원하느냐에 달려 있다. 실패란 없다. 실패하는 유일한 길은 아예 시도하지 않는 것이다.

凸

"최근 뭔가를
난생처음 시도해본 것이
언제였던가?"

그 누구도
완벽하지 않다

우리는 외부에서 완벽함을 추구하듯이 내부도 완벽하기를 바란다. 내면의 평화, 행복, 균형감을 원한다. 문제는 모든 것이 완벽하고 문제없는 생활을 얻으려 한다는 것이다. 그러나 인간 노릇은 쉬운 일이 아니다. 좀 더 현실적인 목표는 이런 것이 되어야 한다. 평화, 행복, 균형감을 느끼는 시간을 더 길게 늘이고, 자주 생기도록 애쓰는 것. 그러면 스트레스와 불안감이 저절로 줄어든다.

이 사회는 삶은 마땅히 완벽해야 하고, 현재 그렇지 못하다면 불만을 느껴야 한다고 가르친다. 그러나 이런 태도는 결코 행복을 가져다주지 않는다. 완벽한 것은 없다. 아니, 사실은 지금 이 상태로도 완벽할지 모른다. 우리는 완벽주의 때문에 오히려 어떤 것도 시도해볼 엄두를 내지 못한다. 그러고는 이렇게 생각할 뿐이다.

'완벽해지지 못할 텐데 노력은 해서 뭐해?'

사회는 사람들에게 강요한다. 일정한 방식으로 살아가야 한다고. 훌륭한 사람으로 보이려면 일정한 외양을 유지해야 한다고. 그리하여 많은 사람들이 완벽한 이상을 추구한다. 연령, 젠더, 직장, 기타 요인에 따라 성취하려고 애쓰는 이상이 달라진다.

완벽하게 해내지 못할 것이 두려워 종이에 크레용을 사용하지 않으려 하는 아이들을 보는 것은 가슴 아픈 일이다. 이미 그 아이들은 주위에서 말하는 멋진 것, 훌륭한 것, 좋은 것이 무엇인지 알고 있다.

'완벽함'의 이상이 어떤 외양을 유지해야 한다고 가르쳤기 때문에 자기 자신을 산산이 조각날 정도로 분석하는 10대 소년의 이야기도 참으로 가슴 아프다. 오늘날 10대들은 미디어에 노출되는 사회적 요구에 따라 불가능한 이상을 실천하도록 강요당한다.

어른들도 마찬가지다. 모든 것이 완벽하기를 바란다. 자녀, 배우자, 가정, 취미가 세상 사람들에게 보여주기 좋게 그 럴듯한 외양을 유지해야 한다. 친구들을 저녁 식사에 초대 하고는 파티가 시작되기도 전에 완전히 탈진해버린다.

그 누구도 완벽하지 않다. 아니, 우리는 모두 그 나름의 방 식으로 완벽하다.

LIVE STORY 한 친구의 이야기
탈진해버린 완벽주의자

어느 날 한 친구가 몇몇 사람을 저녁 식사에 초대했다. 그녀는 평소와 마찬가지로 집안 정돈도 저녁 식사도 모두 완벽하기를 바랐다. 그런데 손님이 도착하기 한 시간 전인데도 거실은 레고 장난감으로 가득 했고, 아이들은 옷도 갈아입지 않았으며, 식사 는 절반도 채 준비되지 않았다. 스토브 앞에 서 있던 그녀는 혈 압이 오르고 이마에 땀이 흘러내리고 가슴이 펄떡펄떡 뛰었다. 30분 뒤 화장실 바닥에 드러누워 마구 토하기 시작했다. 엄청난 스트레스로 탈진했기 때문이었다.

이 이야기는 아주 전형적인 사례다. 우리는 모든 것이 마 땅히 이러저러해야 한다는 환상을 가지고 살아간다. 누가 완벽함을 추구하는 부모와 친구들 사이에서 성장하기를 바라겠는가? 누가 그런 환경에 잘 적응하며 살아갈 수 있겠는가? 그것은 끊임없이 엄청난 좌절감과 부적응을 가져올 뿐이다. 모든 것은 경쟁의 장이 되고 말 것이다. 사회의 기대치에 100% 부응하면서 살아가려고 하면 아마도 폭발해버릴지 모른다.

겉으로는 잘나가고 있는 것처럼 보여도 내면에서는 갈등이 격렬하게 벌어진다. 쫓기는 느낌, 죄의식이 덮쳐온다. 조만간 그런 심리 상태가 몸으로 나타나기 시작한다. 위축되고 말이 없어진다. 고개를 푹 숙인 채 근심 걱정과 불안감을 떨쳐내지 못한다. 스트레스 때문에 복통과 긴장성 두통으로 고통받는다.

길에서 만난 지인에게 어떻게 지내느냐고 인사하면 보통 이런 대답을 들을 것이다.

"잘 지내요. 당신은요?"

하지만 그들이 지금 느끼는 바를 있는 그대로 솔직하게 말한다면, 아마 두 사람은 길 위에서 한참 서 있어야 할 것이다. 우리는 남들은 다 잘 지낸다고 생각한다. 하지만 누구나 저마다 고민거리가 있다. 그런 고민을 있는 그대로 다 털어놓을 수 있다면 한결 마음이 가벼워질 것이다. 상대방에게 내 취약점을 솔직하게 말하는 용기가 필요하다. 그런데 우리는 어쩌다가 이렇게 용기가 없어졌을까?

사람들은 가정, 인간관계, 직장에서의 문제를 상대방에게 들키지 않으려고 최대한 노력한다. 취약성을 남에게 드러내는 것을 두려워한다. 누가 불평하는 사람이 되고 싶겠는가? 하지만 내 상황을 솔직하게 말하는 것은 불평하는 것이 아니다. 나의 문제를 제대로 다루어야 한다. 문제를 해결하는 한 가지 방법은 그 문제를 누군가에게 말하는 것이다.

LIVE STORY 마츠와 수전의 이야기
솔직함에 대하여

사람들은 우리 부부에게 어떻게 그렇게 개인적인 일을 솔직하게 털어놓을 수 있느냐고 묻는다. 그러면서 참 용감하다고 말한다. 솔직하게 털어놓으면 나중에 사람들이 뒤에서 씹어댈 것이 두렵지 않느냐고 반문하기도 한다. 그런데 이런 솔직함이 책을 쓰거나 강연을 하는 데 아주 큰 장점이 되었다. 자기 이야기를 솔직하게 고백하면 사람들이 더 크게 공감해오기 때문이다. 우리는 솔직함을 나쁘게 생각해본 적이 없다. 오히려 정반대이다. 많은 사람들이 이 점을 깨닫지 못해서 정말 안타까울 뿐이다. 우리 인생 이야기를 솔직하게 다른 사람들과 공유할 때, 우리는 긍정적인 에너지를 엄청나게 되돌려 받는다.

휴스턴대학교 연구교수인 브레네 브라운은 취약성 문제의 세계적 권위자다. 그녀의 연구는 취약성이 죄의식, 수치심, 버려짐에 대한 공포와 밀접하게 연관되어 있음을 보여준다. 동시에 인간이 가장 바라는 긴밀한 유대관계의 핵심 요소이기도 하다.

브라운의 연구에 의하면 사람들은 남에게서 취약성을 발견하는 것을 좋아한다. 자기가 취약한 존재임을 내보이면서 진정한 자아를 보여주는 것이다. 그리하여 우리는 서로 이해하게 되고 유대감을 느낀다. 하지만 자신의 취약성을 기꺼이 드러내려고 하는 사람은 거의 없다.

브라운의 연구가 보여주는 것은 또 있다. 기꺼이 자기가 취약한 자임을 내보이는 사람은 자신이 마땅히 이러저러해야 한다고 하는 생각을 내려놓는다. 대신에 있는 그대로의 정직한 자기 모습을 보여주려 한다. 물론 이런 사람들도 자기를 드러내는 것이 어렵고 두렵다. 하지만 이들에게 취약함은 선택이 아니라 필수다. 자신을 취약하게 만드는 것이 실은 자신을 아름답게 만든다고 믿는다. 이들은 안정되고 진정된, 사랑스러운 인간관계를 유지한다. 거부당할지 모른다는 공포 없이 사람들에게 가까이 다가갈 수 있다.

취약성에 대한 세 가지 신화

1. 취약성은 약점이다.

   이것이 가장 위험한 신화다. 자신의 취약함을 기꺼이 드러내는 용기는 오히려 장점이 된다.

2. 취약하지 않은 사람인 척할 수 있다.

   취약하지 않은 척하는 것은 아무런 도움이 되지 못한다. 그렇게 가장하려 들면 나 자신을 남들로부터 소외시키게 된다. 우리가 진정으로 해야 할 일은 자기 자신에게 물어보는 것이다. "내가 취약하다는 것을 알았을 때 나는 어떻게 반응해야 할까?"

3. 취약성은 켜짐/꺼짐 단추를 가지고 있다.

   내가 취약한 사람임을 내보인다고 언제나 감정을 고스란히 드러내야 하는 것은 아니다. 다른 사람을 대할 때 나를 용감하게 공개할 수 있다면 우리는 더 담대해진다. 이런 의미 있는 순간을 거듭하면서 진정한 존재가 되어간다.

> **"인생에서 가장 어려운 도전은**
>
> **당신을 남들과 똑같은 사람으로 만들려는 이 세상에**
>
> **당신의 독립성을 선언하는 것이다."**

어떤 사람들은 있는 그대로의 내 모습이 그리 신통치 못하다고 생각한다. 남들이 원하는 기대치를 충족하지 못하면 비난받을까 두려워한다. 하지만 사실은 정반대다. 인간적인 모습을 그대로 드러내면 그 모습을 더 좋아한다. 솔직하게 털어놓는 당신의 이야기에서 그들 자신의 모습을 발견하고 유대감을 느끼는 것이다. 우리는 남들에게서 자기 모습을 보고 싶어 한다. 그렇게 서로 이해하고 공감한다. 남들에게 영향을 미치고 감동을 주는 것은 멋진 일이다. 누구나 감동받고 싶어 한다.

오늘날 우리는 소셜미디어에 너무 많은 시간과 에너지를 쓴다. 소셜미디어는 남들은 아주 멋진 인생을 즐기고 있다는 믿음을 강화시킨다. 나보다 더 흥미진진한 직장, 더 신나는 휴가, 더 행복한 삶을 누리고 있는 것만 같다. 하지만 태워 먹은 냄비나 너무 구워 산산이 조각난 케이크 따위를 소셜미디어에 올리는 사람은 없다. 페이스북에 자신이 얻지 못한 직장, 가지 못한 여행에 대해 글을 쓰는 사람도 없다. 우리는 루저가 되기를 원하지 않는다. 왜 인생을 경쟁이라고 생각하는가?

🪑

"내가 아무리 애를 써도
어떤 사람에게는 좋은 사람이 될 수 없다는
깨달음을 얻는 순간이 온다.
그렇다면 그것은
당신의 문제인가, 그 사람의 문제인가?"

PART 3

부정적인 생각도
습관이야

"내 허락 없이는 아무도 나에게 상처 주지 못한다."
— 마하트마 간디

나를 비난하기가
세상에서 제일 쉽다

스트레스와 불안을 끝내는 가장 중요한 조치는, 지금 이 순
간에 집중하면서 좀 더 긍정적으로 말하는 것이다. 부정적
인 생각은 우리를 스트레스와 불안의 소용돌이 속으로 밀
어 넣는다. 나 자신을 비판하고 비난하기는 너무나 쉽다. 당
신이 인정을 하든 말든 당신의 뇌는 언제나 생각을 한다. 그
생각들은 끊임없이 정서에 영향을 미친다. 스트레스를 받고
걱정하게 되는 것은 대개 부정적이고 건강하지 못한 생각
때문이다.

　성장 환경은 생각하는 방식과 방향에 엄청난 영향을 미친

다. 부모님이 싸우는 소리를 들으며 자랐는가? 가족들이 불평불만을 달고 살았는가? 당신의 가정은 어떤 메시지를 보내는가? 주위 어른들에게 어떤 영향을 받았는가?

당신이 싸우고, 불평하고, 스트레스를 안겨주는 사람들에 둘러싸여 성장했다면 높은 자존감을 갖기가 상당히 어려웠을 것이다. 하지만 어른이 되어가며 이것을 바꾸는 것은 얼마든지 가능하다.

자신이 부정적으로 사고한다는 사실을 인정하기란 어렵다. 있는 힘을 다해 그 사실도 부정하려 들 것이다. 하지만 일단 내가 부정적으로 생각한다는 사실을 깨닫는다면 곧 행동을 바꾸어 '긍정적으로 생각하기'를 더 잘하게 된다. 이런 전환은 당신의 기대치를 훨씬 넘어서는 효과를 가져온다.

자주 걱정하는가? 스스로를 괴롭히는 생각을 하는가? 모든 것을 자세히 분석하는가? 당신의 능력을 의심하는가? 외모가 마음에 들지 않는가? 이 부정적인 생각들의 95%는 진실이 아니다. 꾸며낸 공상일 뿐이다. 긍정적이고 삶에 힘을 주는 생각이 진실이다.

우리 뇌는 공상에 따른 생각과 현실에 따른 생각을 구분하지 못하고 둘 다 진실인 것처럼 반응한다. 그 생각이 자기파괴적이거나 자기 모멸적일 때 엄청나게 큰 문제가 생긴다. 하지만 다른 방향에서 긍정적인 생각을 올바른 방식으로 활용한다면, 생각은 아주 효과적인 도구가 될 수 있다.

부정적인 생각은 중독성이 강하다. 부정적인 사고방식이 주는 단기적 혜택을 알게 되면 재빨리 하나의 습관으로 자리 잡는다. 나름대로 이점이 있기 때문이다. 그렇지 않다면 부정적으로 계속 생각해 나가지 못할 것이다. 부정적으로 생각하다 보면 결과적으로 주위 사람들에게 부정적으로 말하게 된다. 그러면 내 말을 들어주고 공감을 표시하는 사람들의 관심을 집중시킬 수 있다. 사실 당신은 문제가 있을 때 이런 선한 사람들이 나서서 도와주기를 바라는 것이다.

부정적인 사고방식의 또 다른 혜택은 하고 싶지 않은 일을 모면하게 해준다는 것이다. 당신을 사랑하는 사람들은 당신이 지나치게 고통받지 않기를 바라기에 도와주고 요구 사항을 낮추어준다. 이렇게 당신은 부정적인 생각을 활용하여 하고 싶지 않은 일을 회피한다.

그러면 부정적인 생각에서 무엇을 얻는가?

이 질문은 좀 이상하게 들릴지 모르나 그래도 물어야 한다. 끊임없이 부정적으로 생각하는 것은 중독에 빠진 것과 비슷하다. 인생이 스트레스와 불안으로 가득 차 있다면, 당신이 부정적인 사고방식의 소유자라는 것을 인정해야 한다.

그래야만 비로소 조치를 취할 수 있다. 건강하지 않은 습관을 깨트리려면 엄청난 노력을 기울여야 한다. 우리는 습관적으로 행동하는 경향이 있어서 사고방식을 바꾸려면 많은 사전작업을 해야 한다. 늘 부정적으로 생각하는 것은 나 자신을 지속적으로 학대하는 것이다.

"저쪽 풀이 더 푸른 게 아니다.

당신이 물을 준 부분만 더 푸른 것이다."

부정적인 생각을 알아보는 법

부정적인 생각은 당신을 허약하고, 불편하고, 걱정하게 만든다. 스트레스, 분노, 우울, 쓸쓸함, 두려움, 불안, 죄의식, 수치심을 안겨준다. 자신이 외롭고, 매력 없고, 불안정하고, 사랑받지 못하는 사람이라고 느끼게 한다. 이런 느낌을 받은 적이 있다면 당신은 이미 부정적 사고방식에 길들어 있는 것이다. 많은 사람들이 하루에도 수백 번씩 부정적인 생각을 하며 살아간다.

자존감이 낮은 사람은 남들에게 인정받으려는 경향이 있

다. 너는 훌륭하고, 매력적이고, 특별한 사람이라고 말해주기를 바란다. 다음은 당신의 행동을 바꾸기 위해 갖춰야 할 태도이다.

- 자신에게 솔직해져라. 부정적인 생각이 당신을 해친다는 것을 깨달아라.
- 부정적인 사고방식을 반드시 고쳐야 할 나쁜 습관으로 인식하라.
- 건강하지 않은 생각을 깨트리기 위해 깨어 있는 동안 모든 에너지와 시간을 투자하겠다고 결심하라.
- 자신의 사고방식을 의식하라.
- 남들의 인정을 받으려 할 것이 아니라, 스스로를 인정하고 격려하는 자세를 취하라.

(출처: 루신다 바셋의 《공황에서 힘으로》)

적극적인 사고방식은 우리를 강하게 한다. 편안함, 안정, 행복, 사랑하고 싶은 마음, 느긋함, 균형, 용기, 에너지, 동기, 안전함, 사랑받고 있는 느낌, 인정받는 느낌 등을 안겨준다.

부정적인 사람은 남의 인정을 받는다고 하면서 실제로는 자신의 부정적인 태도를 온 사방에 퍼트린다. 부정적인 행동

을 하면서 당신을 피곤하게 하는 사람이 주위에 있다면 피해
버려라. 그 대신에 능동적으로 행동하는 사람들과 어울려라.

인내심을 가져라. 나쁜 습관을 깨트리는 데는 시간이 걸
린다. 당신이 현재 하고 있는 부정적인 행동은 여러 해에 걸
쳐 형성되어온 것이다. 나쁜 습관을 바꾸는 것은 완전히 새
로운 어떤 것을 배우는 것과 같다. 사고방식을 바꾸려면 시
간이 필요하다. 끈기가 있어야 한다. 적극적인 사고방식이
어떻게 작동하는지 알아야 하고, 그것이 당신의 자연스러운
사고방식이 될 때까지 연습하고 또 연습해야 한다.

당신이 어떻게 생각하는지를 의식하라. 자기가 원하는
사람이 되는 데 너무 늦은 시간이란 없다. 하루 종일 실제
로 머릿속에서 하는 생각에 주목하고, 일과가 끝나면 그 생
각을 깊이 명상하라. 늘 의식을 깨어 있게 하려면 손바닥에
"생각?"이라고 써놓은 것도 도움이 된다. 내 사고방식을 의
식할 때에야 비로소 생각을 바꿀 수 있다.

LIVE STORY 마츠의 이야기
변화는 먼저 내면에서 시작된다

나는 내가 부정적인 사람이라는 사실을 인정하지 않았다. 하지
만 내 생각을 의식하게 되면서 얼마나 잘못 생각하고 있는지 깨

달았다. 부정적인 사고방식이 나를 병들게 한다는 것도 발견했다. 만약 내가 계속 그렇게 살았다면 다른 사람들의 스트레스, 걱정, 불안을 결코 도와줄 수 없었을 것이다. 서른 살 이후, 나는 마침내 그 모든 것에 제동을 걸기로 결심했다. 나를 바꿀 수 있다는 사실을 알았기 때문이다. 과거에 나는 스트레스와 불안으로 신경쇠약에 시달렸다. 그때는 너무 외롭고 수치스러웠지만 지금은 아주 좋아졌다. 건강해지려면 변화가 필요하고, 그 변화는 먼저 내면에서부터 시작되어야 한다.

스스로에게 긍정적으로 칭찬을 자주 해주면 좋은 기분을 유지하는 데 큰 도움이 된다. 내부로부터의 칭찬은 자존감을 높여주고, 더욱 강력한 동기를 부여하고, 스트레스가 많은 상황에서도 느긋하게 해준다. 우리는 부정적인 데 집중하고 긍정적인 것은 무시해버리는 경향이 있다. 당신 주위의 긍정적인 것들에 집중하려고 노력하라. 당신의 마음이 부정적인 것에 머무르게 하지 말고 행복, 즐거움, 희망을 느끼던 때에 머무르게 하라.

"당신이 느끼는 행복은 당신이 어떤 생각을 하느냐에 따라 결정된다."

— 붓다

다음은 당신이 얼마나 부정적으로 생각하는지 의식하게 해주는 몇 가지 연습이다.

- 수첩이든 핸드폰이든 언제나 메모할 수 있는 것을 휴대하라. 부정적인 생각이 들 때마다 그것을 적어놓고, 동시에 그 옆에다 그것을 대체할 긍정적인 생각을 써넣어라.
- 부정적인 생각 옆에 현실적이고 긍정적인 생각을 써넣되, 그 생각을 실제로 실천할 수 있어야 한다. 그렇지 않으면 자기 자신을 우롱하는 것일 뿐이다.

먼저 하루에 한 가지씩 부정적인 생각을 기록하는 것으로 시작하라. 나중에는 한 시간에 한 가지를 기록하고 그다음에는 30분에 하나, 또 그보다 더 자주 부정적인 생각을 기록하라. 나에 대해 긍정적으로 생각하고 말하기를 연습하라. 다른 사람 얘기를 할 때도 마찬가지다. 그러면 당신의 일상이 좀 더 의미 있을 것이다.

내가 하는 생각뿐만 아니라 남들이 말하는 데도 신경을 써라. 동료, 자녀, 배우자, 친구들이 한 부정적인 말을 기록하라. 매일 듣게 되는 부정적인 말들이 엄청나게 많은 것을 발견하고는 놀라고 말 것이다. 아주 효과적인 방법이다.

열다섯 살부터 열아홉 살까지 10대들과 일한 적이 있다. 대부분 자존감이 낮았고 그걸 바라보기가 고통스러웠다. 많은 아이들이 자기 자신을 좋아하지 않았다. 자의식을 망각해버리고 지금 이 순간에 겨우 존재하면서 주위 환경을 거의 신경 쓰지 않았다. 아름답고, 똑똑하고, 흥미롭고, 개성 넘치는 멋진 순간들도 있었지만 대체로 자신을 두려워하고, 스스로를 당황하게 만들고, 자신이 신통치 않다고 생각했다. 무척 터무니없는 태도였다.

아이들을 인도해줄 어른도 없었다. 어른들은 아이에게 좋은 역할모델이 되어야 한다. 진정으로 지금과는 다른 존재가 되어야 한다. 실수했을 때 그것을 인정할 만큼 용기 있어야 하고, 어떤 일에는 슬픔을 느끼면서 강력하게 저항할 수 있어야 한다.

아이들은 차이를 총체적으로 받아들이는 능력을 가지고 태어나지만, 청소년기에 이르면 이 능력이 사라져버린다. 많은 아이들이 다른 사람과의 차이를 용납하지 못한다. 어쩌다 이렇게 되었을까? 관용하는 능력은 다 어디로 갔을까? 아이들이 어른들로부터 남을 판단하고 조롱하는 것을 배우는 건 아닐까?

어린 시절을 떠올려보면 나는 모든 사람에게 인정받으려 했으나 정작 나 자신의 인정은 무시했다. 남들이 나를 어떻게 생각하는지가 대단히 중요했다. 나는 자존감이 낮았고 감히 새로운 것을 시도해보려 하지 않았다. 끊임없이 내가 좋은 사람이라고 인정받기를 원했다. 특히 남자친구들에게 그런 인정을 받고 싶었다. 그래서 그들이 원하는 것을 해주고 많은 시간을 보내면서 정작 내 친구들은 무시해버렸다.

어른이 되어서는 직장 상사에게 칭찬받기를 바랐다. 사장이든 남자친구든 남들에게 훌륭하다는 얘기를 들으며 자존감을 회복하려 했다. 있는 모습 그대로도 너는 이미 훌륭하다고 말해주는 사람은 아무도 없었다.

LIVE STORY 마츠의 이야기
나에게 다정하게 속삭이는 기술

성장기에 나는 아주 심각한 걱정과 불안을 겪었다. 다른 사람에게 "너는 참 훌륭해"라는 얘기를 들어야 편안해졌다. 나는 인정받아야 하고, 훌륭하게 보여야 하고, 옳은 말만 해야 하고, 좋은 형제와 아들과 친구가 되어야 한다는 엄청난 압박을 느꼈다.

이제 수전과 나는 우리 자신은 물론 다른 사람을 기분 좋게 하는 일을 훨씬 잘하게 되었다. 나 자신에게 자상한 말을 해주는 것은 중요한 기술이다. 부끄럽거나 자기중심적인 것이 결코 아니다. 이 기술 덕분에 우리는 온전한 인간으로 성장했다. 자존감이 높아지고, 원하는 것을 과감히 해볼 생각을 하게 되고, 아무런 죄책감 없이 그것을 즐기게 되었다.

다른 사람이 나를 어떻게 생각하는지 전혀 신경 쓰지 않는 것이야말로 스스로를 해방하는 엄청난 힘이 된다. 다른 사람에게 칭찬받으려는 생각은 그만두어라. 당신이 직접 당신 자신을 칭찬하라.

"신경증 환자는 다른 사람의 눈을 빌려 자신을 본다.
건강한 사람은 자기 눈으로 세상을 바라본다."

— 프리츠 펄스

스트레스와 불안감은 떨쳐버려라. 당신은 남다르고, 특별하고, 잠재력이 풍부한 사람이다. 일단 사고방식을 바꾸면 삶은 새로운 가능성으로 가득 들어찬다. 모든 것이 가능해지고 실패라는 것은 사라진다.

"나는 모든 것을 갖고 있지는 않으나, 내가 가진 모든 것을 사랑한다."

우리는 좌절하고 분노하는 사람에게 얼마나 나쁜 영향을 받는지 이미 알고 있다. 마찬가지로 행복하고 낙관적인 사람에게서는 좋은 에너지를 받는다. 당신이 새로운 마음으로 적극적으로 행동하면 나 자신뿐만 아니라 주위 사람들에게도 즐거움을 가져다줄 것이다. 이 장은 아주 중요하다. 이 장을 여러 번 되풀이하여 읽어라.

만약 당신이 지금껏 생각해온 대로 계속 생각한다면, 당신은 언제나 해오던 대로 행동할 것이다. 만약 당신이 언제나 해오던 대로 행동한다면, 당신은 지금껏 얻어온 것만 얻게 될 것이다. 인생이 확 달라지기를 원한다면 확 다르게 생각해야 한다.

문제냐 기회냐,
선택은 네 몫이야

LIVE STORY 친구 린다의 이야기
마음의 갑옷을 입고

2013년 9월 9일 월요일 오전 8시 40분, 내 인생이 폭삭 무너져 내렸다. 남편과 나는 소식을 접하고 예기치 못한 폭탄이 떨어진 듯 충격을 받았다. 내가 유방암에 걸렸다는 것이다. 종양 덩어리가 아주 크다고 했다. 오른쪽 유방을 전부 도려내야 했다. 그 전에 나는 병이라고는 모르는 사람이었다. 내가 병에 걸릴 수도 있다고 조금도 생각해본 적이 없었다. 아주 행복했고, 튼튼했으며, 전보다 더 건강하다고 생각했다. 적어도 그렇게 믿었다. 그런데 '이제 나는 죽는구나' 하는 생각이 들었다. 이게 내 인생의 끝이라고, 나는 이겨내지 못할 거라고. 하지만 죽고 싶지 않았다. 아이들을 돌봐야 했다.

종양이 있다는 사실을 안 직후에 수술을 결정했기 때문에 남편과 나는 경황이 없었다. 당시 4살, 10살, 12살이던 아이들에게 적절히 말할 방법을 찾아볼 시간도 없이 당일 날 밤에 말해줄 수밖에 없었다. 나는 두 가지 중 하나를 선택할 수 있었다. 하나는, 완전히 의욕을 잃고 침대에 드러누워 얼굴을 이불로 가리면서 포기하는 것이었다. 다른 하나는, 마음의 갑옷을 입고 칼을 날카롭게 벼리며 말에 올라타 전장으로 돌진하여 승리하는 것이었다.

나는 후자를 선택했다. 그러지 않았다면 이 무서운 시련을 견뎌낼 각오를 하지 못했을 것이다. 나는 적극적으로 승리하는 것을 선택했다. 그 순간의 내 통찰이 내 인생을 구제했다. 그렇다고 와르르 무너져내리고, 울음을 터트리고, 비명을 내지르고, 접시를 던지고, 겁먹은 채 숨을 멈추고, 죽음을 두려워하지 않은 것은 아니다.

최악의 생각이 엄습해올 때는 어떤 내면 전략을 쓸 것인지 미리 준비해두는 것이 중요하다. 나는 결국 내가 이길 것이라는 신념을 행동 원칙으로 삼았다. 삶이 이긴다. 화학치료와 방사선 치료가 나를 괴롭히겠지만 전투의 하나로 생각하기로 했다. 승리하기 위해 거쳐야 하는 과정이었다. 내 칼이 언제나 예리하게 들 수 있도록 자주 칼을 갈았다. 암은 괴물이므로 베어 없애버려야 마땅했다.

우리는 모든 상황에서 어떤 방법을 선택할 수 있다. 그리하여 더 좋은 방식으로 상황에 대처할 수 있다. 어디에서나 문제를 보는 사람은 주위에 문제를 만들어낸다. 반대로 기회를 보는 사람은 주위에 기회를 만들어낸다. 시간을 내어 주위 사람들이 어떤지 살펴보라. 당신 주위의 어떤 사람들이 늘 문제만 보는가? 어떤 사람들이 해결안과 가능성을 보는가? 누가 함께 일하고 싶고 같이 시간을 보내고 싶은 사람인가? 당신은 어떤 종류의 사람이 되고 싶은가?

당신의 생각이 당신을 창조한다. 당신이 하는 생각이 평화를 만들어내기도 하고 불편함을 낳기도 한다. 여러 결점에도 불구하고 자기 자신을 받아들이는 사람, 학습하여 발전하려는 사람은 평온한 에너지를 내뿜는다. 이 에너지가 다른 사람에게도 전달된다.

당신의 생각은 당신이 느끼고, 행동하고, 반응하는 방식에 영향을 미친다. 당신이 어떻게 행동하고 말하느냐는 당신의 사고방식에 달려 있다. 우리는 어떻게 생각할 것인지 선택할 수 있다. 다른 사람이 나를 대신하여 그 선택을 하도록 내버려 두지 마라.

생각을 적절히 통제하는 것이 쉬운 일은 아니다. 행동하고 반응하는 방식에 전적으로 책임을 진다는 뜻이기 때문이다. 이것은 결국 태도의 문제다. 나의 삶, 다른 사람의 삶, 나와 주위 사람들의 유대관계에 어떤 태도를 취하는가 하는 문제다.

더 많은 것을 얻으려고 사냥에 나서기보다는, 내가 이미 가진 것에 충분히 만족하라. 당신이 사랑하는 사람들은 당신이 가진 가장 의미 있는 것들이다. 사랑하며 오래 가까이 지내고 싶은 사람을 발견하라. 소통하고, 격려하고, 경청하라.

지금 이 순간에 집중하면서 당신 주위를 살펴보라. 인생에서 가장 의미 있는 것은 의외로 공짜로 주어진다. 배우자와 아이들의 잠든 모습은 어떤가? 정원에는 얼마나 많은 색깔이 있는가? 사소한 것을 더 많이 의식할수록, 그것이 엄청난 에너지와 힘을 가져다준다는 것을 발견하게 된다. 사소한 것을 즐겨라. 평범한 하루가 얼마나 소중한 보물인지를 깨달아라. 관대해져라. 당신의 삶을 높이 평가해보라. 즐기면서 살아가는 방법을 배워라.

여유가 있을 때 어떤 일을 가장 하고 싶은가? 당신의 장점은 무엇인가? 당신은 특별히 무엇을 잘하는가? 누구와 함께 시간을 보내고 싶은가? 어디서 살고 싶은가? 젊은이들은 꿈이 있다. 왜 우리는 나이가 들어가면서 더 이상 꿈을 꾸지 않을까? 당신은 젊은 시절 어떤 꿈을 꾸었는가? 그 꿈 중 일부는 실현되었는가? 지금은 어떤 꿈이 있는가? 꿈을 이루려면 어떤 것이 필요한가? 당신의 꿈들을 적어보라. 그 꿈이 실현 불가능한 것이 아님을 발견할 것이다. 당신에게 가장 좋은 것이 무엇인지 확실히 깨닫는다면 실현할 수 있다. 지금 당장 그것을 실천하라. 나 자신을 위하여.

“오늘의 우리라는 존재는
우리가 어제 했던 생각으로부터 온 것이다.
우리가 현재 하는 생각이 내일을 구축한다.
우리 인생은
우리의 생각이 만들어내는 것이다.”

— 붓다

화낼 이유는 충분하다,
다만 준비한 대로

일상을 분주하게 살아가는 우리는 즐겁고, 행복하고, 낙관적인 사람처럼 보인다. 직장생활이 짜증 나게 하고, 화나게 하고, 좌절시키기도 하지만 그런 감정을 드러내지 않는다. 내면에서 썩어 곪아 터질 때까지 방치한다. 계속 얼굴에 미소를 띠면서 진짜 감정을 감추는 것이다.

퇴근하여 집에 오면 가면은 떨어져 나가고 우리는 긴장을 이완시킨다. 가족이 가면이 떨어져 나간 분노를 정면에서 받아주는 희생양이 된다. 낮 동안 참았던 짜증과 분노가 집에서 표출된다. 짜증을 유발하는 사소한 일이 계속 쌓이면 마침내 엄청난 분노로 터져 나온다. 가장 사랑하는 사람들을 공격성, 분노, 좌절감을 내버리는 쓰레기통으로 만든다는 것은 정말이지 불공평하고도 비극적인 일이다. 오히려 친하지 않은 사람에게 좋은 모습을 보여주고 있다니.

당신은 분노와 고집으로 자기 뜻을 관철하고 남을 조종하는 가정에서 성장했는가? 그렇다면 당신 또한 분노를 자기 뜻을 관철시키는 수단으로 생각할 수 있다. 그런 행동이 남에게 피해를 주고 있다는 사실을 의식하지 못할 수도 있다. 이 악순환을 깨트려야 한다. 그러지 않으면 가족들은 당신을 언제나 짜증 내고 화내며 퇴근해오는 사람으로 기억할지 모른다.

🪑 LIVE STORY 친구 라세의 이야기
내가 아는 아버지 맞아요?

친구 라세는 열다섯 살 때의 일을 우리에게 들려주었다. 당시 그의 아버지는 제빵회사의 영업사원으로 일했고, 마을의 슈퍼마켓에 들러 일을 보았다. 어느 날 라세는 방과 후에 반 친구의 집에 놀러 갔다가 친구 어머니를 만났다. 친구 어머니는 라세의 아버지가 일 때문에 방문하는 슈퍼마켓의 냉동 육류 코너에서 일하고 있었다. 친구 어머니가 물었다. "아버지가 제빵회사 영업사원으로 일하시지?" 라세는 왜 그런 걸 물어볼까 의아하게 생각하며 고개를 끄덕였다. "네 아버지는 우리 슈퍼마켓에 오는 영업사원 중에 가장 멋지고 재미있는 분이야." 라세는 그 말을 듣고 깜짝 놀랐다. 그가 알고 있는 아버지는 정반대였기 때문이다. 라세는 아버지가 심술궂고 성마른 사람이라고 생각했다. 아버지는 퇴근하면 아무 말 없이 저녁 식사를 하고, 이어 소파에 앉았다가 20분 후면 신문으로 얼굴을 가린 채 잠이 드는 사람이었다.

이것은 아주 전형적인 사례다. 다른 사람들에게는 친절하게 대하면서 가족에게는 짜증만 내는 사람 말이다. 스트레스와 불안으로 고통받는 사람은 쉽게 짜증을 내고 화를 벌컥 낸다. 만약 당신이 남들을 통제하기 위해 화를 버럭 내는 사람이라면, 불안정하고 자제심 없는 유쾌하지 않은 사람이라는 인상을 준다. 자존감이 높은 사람은 공격성과 분노를 통해 힘을 과시할 필요가 없다.

깊이 생각하면서 자신에게 질문해보라. 화를 버럭 내어 이득을 본 적이 있는가? 분노와 함께 오는 스트레스 증상인 고혈압, 맥박 항진, 발한 등을 겪은 적이 있는가? 분노는 불안과 마찬가지로 아드레날린을 분비하고 불쾌한 뒷맛까지도 똑같다. 화를 내면 얻고자 하는 것을 얻는가? 그 결과는 무엇인가? 당신은 분노로 어떤 공포를 감추려 하는가? 그 뒷맛은 어떤 느낌이었는가? 분노의 표적이 된 사람과의 관계는 어떻게 되었는가?

📛 LIVE STORY 수전의 이야기
벌컥 화를 내면서 얻고 싶었던 것

몇 해 전 마츠와 나는 같은 직장에서 일했다. 엄청난 스트레스를 받을 때도 집 밖에서는 평온한 외양을 유지했기 때문에 아무도 우리 내면이 어떤지 알지 못했다. 우리는 훌륭한 서비스를 해주었고, 고객에게 미소를 지었으며, 유쾌하고 우호적으로 대했다. 하지만 정작 우리 부부는 서로에게 고객에게 하는 것처럼 유쾌한 태도를 유지할 에너지가 남아 있지 않았다. 직장에서 집으로 돌아오면 바로 쓰러져 잤다. 가장 기본적인 집안일을 처리하는 것도 힘에 부쳤다. 우리는 종종 언쟁을 벌였고 딸 율리아에게 짜증을 냈다. 사소한 일에도 과잉반응을 보였다.

나는 아무것도 아닌 일에 금세 화를 내는 성격이어서 마츠가 옆에 함께 있는 것이 불편했다. 내가 화를 벌컥 내면 마츠는 상대를 안 하면서 뒤로 물러섰고 그게 나를 더 화나게 했다. 이런 식으로 전개된 부부싸움의 풍파가 어느 정도 가라앉아도 우리는 방금 벌어진 일에 대해 서로 말을 꺼내려고 하지 않았다. 갈등을 제때 풀어버리지 못했고 분노는 속으로 곪아갔다.

나는 마츠가 그 어떤 것도 의논하지 않으려 하며 문제를 직시하기를 두려워한다고 생각했다. 하지만 아니었다. 내가 크게 화를 낼 때는 의논이 아무 소용없음을 나 스스로 이해하지 못했던 것이다. 나는 언쟁이 붙었을 때 화를 벌컥 냄으로써 상대방을 제압하여 이길 수 있다고 생각했다.

부정적인 분노를 긍정적으로 바꾸는 방법이 있다. 피곤하고 짜증이 나면 우리는 잘 생각해보지도 않고 화부터 낸다. 반응하기 전에 먼저 생각하라. 사람들에게 화를 내는 것은, 여러 번 반복하여 익히게 된 나쁜 습관이다. 스트레스와 좌절감을 다루는 새로운 방법을 배워야 한다. 내면에서 분노가 치밀어오르면 다음과 같이 해보라.

즉각적인 반응을 피하기 위해 한 걸음 뒤로 물러서라. 안 그러면 지금껏 해오던 것처럼 행동하게 된다. 몇 초간 동작을 멈추고 심호흡을 하면서 지금 상황을 깊이 생각하라.

당신은 화를 낼 이유가 충분하다. 그러나 미리 생각해둔 방식으로 화를 표출해야 한다. 단호한 마음으로 평온한 목소리를 유지하라. 침착함을 유지하라. 그러면 상대방도 당신의 말을 들어주고 존중한다.

"너는 틀렸어!", "이건 네 잘못이야!" 같은 직접적인 비난은 피하라. 그러면 상대방은 방어적인 태도를 보이면서 당신이 하는 말을 더 이상 들으려 하지 않는다. 비난하거나 소리치면 공격당한다고 생각하면서 곧 마음의 문을 닫아버린다. 나를 방어하려 또는 상대에게 보복하려 어떤 대답을 할지만 생각할 것이다.

누군가를 비판하고 싶을 때는 언제나 긍정적인 말로 시작하라. 예를 들어 "열심히 일하는 당신과 함께해서 좋습니다. 하지만……"에 이어 하고자 하는 말을 꺼내라. 언성을 높이지 말고 차분한 목소리로 현재 상황을 어떻게 보는지 말하라. "내가 보기에는……" 이렇게 말이다. 느낌을 말하고자 할 때는 "당신은"이 아니라 "나는"으로 시작하는 진술을 해라.

당신이 방금 저지른 일은 참……. (×)
당신은 어떻게 나를 이토록 슬프게 합니까? (×)
나는 그래서 정말 가슴이 아픕니다. (○)
나는 방금 일어난 일에 대해 솔직히 얘기하고 싶습니다. (○)

하고자 하는 말을 조심스럽게 선택하고, 평소와 같은 차분한 목소리를 유지하며, 같은 말을 또 하기 전에 말을 멈추라. 상대방에게 이야기를 들어주어 고맙다고 말하라. 이것은 대화에 긍정적인 효과를 가져온다. 앞으로 상대방은 당신과 유사한 대화를 나눌 때 더욱 적극적으로 당신 말을 들어주려 할 것이다.

분노를 내려놓기

어떤 사람이 당신에게 화를 내면 그것을 개인적인 공격으로 받아들이는가? 그렇게 여기지 마라. 그 공격은 반드시 당신을 향한 것이 아닐 수도 있다. 다른 골치 아픈 문제가 많아 분노를 당신에게 터트리는 것일 수 있다. 혹은 너무 피곤하고 스트레스를 많이 받아서 그보다 더 나은 방식으로 상황에 대처하지 못하는 것일 수도 있다.

누구든 당신을 화나게 하거나 혼란스럽게 할 수 있다. 그런 도발에 어떻게 반응할 것인지는 당신에게 달려 있다. 그것은 당신의 선택이다.

화난 사람을 상대할 때는 한 걸음 뒤로 물러서라. 그리고 이렇게 자문하라.

"왜 저토록 화를 낼까? 분노의 원인은 무엇일까?"
그런 뒤 당신 자신에게 말하라.
"이게 반드시 나하고 관련된다고 볼 수는 없어."

"사람들은 화를 터트리는 것이 아니라 그것을 이용한다."

— 루돌프 드레이쿠르스

분노를 내려놓으려고 애쓰라. 과거에 집착하지 마라. 더욱 비참하고 우울해질 뿐이다. 자기 자신을 괴롭히면서 정신을 집중하지 못하고 지금 이 순간을 즐기는 것을 어렵게 한다.

낮 동안에 벌어진 일로 화가 났다면 집에 돌아와 가족들에게 낮에 일어난 일을 말해주고, 당신의 짜증과 분노가 가족과는 아무런 관계가 없다고 밝혀라. 이런 간단한 의사소통만으로도 불필요한 짜증, 오해, 죄의식이 사라진다.

특히 아이들은 부모가 하는 것을 따라 한다. 아이가 분노를 조절할 수 있기를 바라는가? 화를 내면 원하는 것을 얻을 수 있다고 잘못 배우면, 아이들은 앞으로도 그 방법을 계속 써먹을 것이다.

분노는 남에게 드러내는 중요한 감정 상태다. 하지만 건설적이고 절제된 방식으로 표현해야 한다. 공격적이고 감정적으로 분노를 표출하면 더 많은 문제와 오해를 불러올 뿐이다. 당신의 오래된 나쁜 버릇을 깨트려라. 그러면 주위 사람들은 기꺼이 당신의 말을 들어주려 할 것이다.

직접적이고, 분명하고, 구체적으로 말하라

신통치 않은 의사소통이 인간관계에서 실패하는 가장 큰 원인이다. 우리는 상대방을 이해한다고 생각하지만 실제로는 그렇지 않다. 이러한 불통은 고통, 불안, 더 많은 불통을 가져온다. 분명하게 소통하고 모든 것을 당연하게 여기지 않는다면 인간관계는 훨씬 좋아진다. 사람들은 자신이 아주 분명하게 말한다고 생각한다. 자신을 표현하는 방식이 각자 다르기 때문에 이런 일이 벌어진다. 나에게 아주 분명하게 들리는 것도 다른 사람에게는 불분명한 것일 수 있다. 반대로 너무 분명하여 잘난 척하는 것으로 들릴 수도 있다.

가장 중요한 것은 메시지를 정확하게 전달하는 것이다. 잘 이해했는지 혹시 질문은 없는지 상대방에게 물어보라. 당신도 마찬가지다. 이해하지 못한 것이 있다면 질문을 하라. 상대방의 말뜻을 정확히 알아들었다고 확신할 때까지 멈추지 마라. 그럼으로써 당신이 상대의 말뜻을 명확히 알아들으려 애쓰며 관심을 기울인다는 것을 보여줄 수 있다.

"제가 정확하게 알아들었는지 모르겠는데 이런 뜻이었나요?"

구두(口頭) 의사소통은 말하기와 듣기로 이루어진다. 말을 할 때나 들을 때나 구체적이고, 개방적이고, 분명하게 의사를 전달하는 것이 중요하다. 관련 당사자들이 모두 충분히 의사를 전달하게 하라.

직접적이고, 분명하고, 구체적으로 말하라. 당신이 듣고, 보고, 목격한 것을 정확하게 말하고, 당신이 어떤 영향을 받았는지 분명하게 말하라. 중요한 것을 명확히 전달하고 당신의 느낌을 남들과 공유하라. 관련된 사람들에게 그들의 생각과 느낌을 알고 싶다고 말하라. 이것은 상대방을 배려하면서 말을 적극적으로 들어줄 의사가 있음을 보여준다.

의사소통 방식이 아이들에게 미치는 영향을 생각해보는 것도 중요하다. 만약 어른들이 자기 외모를 불평한다면, 아이들도 따라서 그렇게 할 것이다. 이웃, 직장동료, 가족과 친구들을 뒷담화하고 다닌다면 아이들도 따라서 그렇게 할 것이다. 이를 바꾸기 위해 당신은 무엇을 할 수 있는가?

🪑 LIVE STORY 수전의 이야기
인생에서 중요한 것이 바뀌었다

나이가 들어갈수록 남들이 나를 어떻게 생각하는지 점점 덜 의식하게 되었다. 인품이 원숙해지면 남을 그리 신경 쓰지 않는다. 내 인생에서 중요한 것도 바뀌었다. 20~30대에는 언제나 이불 시트를 다림질하고, 일주일에 한 번 집을 청소하고, 금요일이면 식료품 쇼핑을 하고, 아침은 반드시 챙겨 먹는 것이 중요하다고 생각했다. 어머니가 그렇게 했기에 나도 반드시 그래야 한다고 생각했다. 그렇다고 어머니가 틀렸다는 얘기는 아니다. '정말 이런 식으로 하기를 원하는가'를 물어보는 법 없이 습관적으로 했다는 뜻이다.

요즘 나는 집안에 먼지가 조금 쌓여도 신경 쓰지 않는다. 이불 시트도 다림질하지 않는다. 아침을 걸렀다고 해서, 금요일에 식료품 쇼핑을 안 했다고 해서 죄책감을 느끼지도 않는다. 필요도 없는 것들을 너무 많이 사들여서 결국에는 내버리기 때문이다. 가끔 이런 생각을 해본다. 내가 열다섯 살 때 지금처럼 자존감이 높았더라면 어땠을까? 다른 직업을 선택했을까? 다른 나라에 가서 살고 싶어 했을까? 기분은 어땠을까? 여전히 우울했을까?

남들이 부정적으로 얘기한다고 해서 크게 신경 쓸 필요 없다. 당신은 그 말에 피해 입지 않을 권리가 있다. 다른 사람의 공격적인 태도를 나에 대한 공격으로 받아들이지 않는 것은 스스로를 크게 해방시킨다. 남들이 당신을 어떻게 생각하는지 신경 쓰지 않는 습관을 들이면 스트레스를 피할 수 있다. 우리가 남들에 대해서 하는 얘기는 사실 우리 자신에 대한 얘기다.

"내가 만나는 모든 사람이 내게 가르쳐줄 것을 가지고 있다."
— 달라이 라마

신념을 지키기 위해 "안 돼"라고 말해야 하는 순간에 그것을 잘하지 못하는 것이 불안의 원인이다. "안 돼"라고 말하고 싶어도 곧바로 말해버리지 못하는 것이다.

분노는 신념을 옹호하는 좋은 방법이 아니다. 공격적인 행동에는 적개심, 야비함, 분노가 수반된다. 그러면 남들은 당신을 불안정하고 자기 절제가 안 되는 사람이라고 생각하면서 당신에게서 멀어진다. 평온하고 진실되게 의사를 표명한다면 자신감 넘치고, 신중하고, 상황을 잘 통제하는 사람이라고 평가받게 된다. 당신의 필요를 분명하게 말하고, 때에 따라서 "안 돼"라고 말하고, 의도를 명확히 밝힐 때 성장할 수 있다.

당신은 대립을 두려워하는가? 남들 비위나 맞추고 있는가? 갈등이 벌어질 기미가 조금이라도 보일 때 곧 뒤로 물러선다면 사람들은 당신을 이용하려 들 것이고 당신은 상처를 입는다. 자신이 믿는 것을 당당하게 옹호하고, 평온함을 유지하라. 이것을 습관으로 만들어야 한다.

우리가 일상에서 원하는 것을 얻지 못하는 것은 주로 다음과 같은 이유에서다.

- 남들이 나를 쩨쩨하고 유난스러운 사람이라고 생각하지 않기를 바란다.
- 남을 짜증 나게 하고 싶지 않다.
- 남들이 나를 좋아하기를 바란다.
- 안 된다는 말을 듣는 것이 두려워 원하는 것을 요청하지 못한다.

- 허약해 보이는 것이 싫어서 도와달라고 하지 않는다.
- 모욕당하거나 기분 나쁜 일이 있을 때 내 감정을 분명하게 밝히기가 어렵다.
- 혹시라도 갈등을 일으킬지 몰라 비위를 맞추고 무언가를 요구하기를 망설인다.
- 갈등 뒤에 찾아오는 불편함, 불안감에 노출되는 것을 싫어한다.

　많은 사람들이 자기에게 중요한 것을 옹호하고 나서면 이기적이거나 적대적인 사람으로 볼까 봐 두려워한다. 그러나 일을 올바르게 처리하면 이런 결과를 피할 수 있다. 화를 내지 말고 차분한 목소리로 진지하면서도 단호하게 말하라. 짧은 문장을 사용하고 주제에 집중하라. 간결하게 말하고 그다음에는 입을 다물라.

　'시간이 없다', '관심이 없다' 등 각종 변명을 늘어놓지 마라. 이렇게 변명하면 상대방은 집요하게 물고 늘어지며 자기가 원하는 것을 당신에게 강매하려 들 것이다. 다만 이렇게 말하라.

　"불행하게도 난 오늘은 할 수 없어."

　그런 다음 다른 주제를 이야기하거나 대화를 끝내라.

내 친구는 늘 걱정이 많다. 거절을 못 하고 자기가 원하는 것을 적극적으로 표현하지 못하기 때문이다. 그녀의 딸은 갈등이 벌어질 만하면 엄마가 곧 항복한다는 것을 알고서, 자기가 원하는 것을 얻기 위해 엄마의 이런 약점을 이용한다. 친구는 딸이 자기를 싫어하면 어쩌나, 좋은 엄마가 아니라고 생각하면 어쩌나 걱정한다. 그런데 딸에게 정말로 필요한 것은 자기 신념을 차분하고 신중하게 옹호할 수 있는 엄마다. 이런 엄마는 좋은 역할 모델이고 누구나 존경하는 사람이다.

한번은 친구와 시내의 최고급 레스토랑을 예약했다. 좋은 음식을 먹으며 그동안 밀린 이야기를 하게 되어 기뻤다. 식당에서 막 음식을 먹으려 하는데 친구의 전화벨이 울렸다. 복통을 호소하며 엄마가 빨리 집에 왔으면 좋겠다는 딸의 전화였다. 친구는 허겁지겁 식사를 하고서 딸을 돌보기 위해 곧바로 집으로 갔다. 그렇게 우리의 저녁 한때는 끝났다.

친구는 딸에게 "안 돼"라고 말했을 때 벌어질 갈등을 두려워했다. 친구는 나중에 말해주었다. 딸아이의 복통은 엄마를 집으로 불러 저녁을 준비하게 하려는 구실에 불과했다고. 친구는 식사 도중에 나를 혼자 내버려 두고 황급히 떠나간 것을 미안해했다.

필요할 때 의사를 분명히 밝히는 일은 자존감을 높이는 지름길이다. 사려 깊게 절제하며 당신의 의견을 제시하라. 죄책감을 느끼지 마라. 당신 자신을 너그럽게 대하라. 원하는 것을 하고, 중요하다고 생각하는 것을 확고하게 옹호하라. 다른 사람이 당신을 대신하여 결정을 내려줄 때까지 기다리지 마라. 당신이 몸소 하라. 당신은 할 수 있다.

누군가 당신을 도와주기를 바란다면 요구할 줄 알아야 한다. 차분한 목소리로 다정하게 요청하라. 그러면 도움을 얻을 것이다. 만약 도움을 청하지 않고 혼자서 모든 것을 다하려 하면, 끝내 탈진하여 쓰러질지도 모른다. 자존감이 높은 사람은 어떤 일에 거부 의사를 밝힐 수 있고, 자기 뜻을 분명하게 전한다. 그래야 자기 자신을 좋아할 수 있다. 우리는 모두 상대방에게 역할모델이 된다.

당신은 누구를 존경하는가? 당신을 존경하는 사람은 누구인가?

> "사람들은 당신이 한 말은 잊어버릴지 모르나,
> 당신이 그 말로 사람들을 불쾌하게 하거나 즐겁게 한 느낌은
> 절대 잊어버리지 않는다."
>
> — 칼 W. 비크너

좋은 부부관계는 우연히 얻어지지 않는다. 기질이 맞다 하더라도 서로 배려할 때 비로소 좋은 의도가 생겨나고 강력한 부부관계가 형성된다. 사랑은 의식적이면서도 규칙적으로 헌신하는 것이다.

많은 부부가 행복한 부부관계를 위한 완벽한 처방전을 찾으면서 여러 해를 보낸다. 하지만 알고 보면 아주 간단하다.

배우자에게 온전히 주목하라

좋은 부부관계를 유지하려면 상대방을 온전하게 신경 써야 한다. 함께 있을 때 다른 데 주의를 기울이며 산만해지지 않고 오로지 배우자에게 집중하며 존중을 표해야 한다.

서로를 만져주어라

함께 가까이 있으면서 애정 어린 손길로 상대방을 만져주는 것이 아주 중요하다. 어떤 행동을 하는가는 중요하지 않다. 스킨십을 한다는 자체가 중요하다. 몸을 접촉하면 정서적 유대관계가 더욱 깊어진다.

주기적으로 고마움을 표시하라

배우자가 당신에게 얼마나 소중한 존재인지 말해주어라. 인생에서 당신을 만난 것은 정말로 고마운 일이라고 말하라. 서로 감사하라.

계속 관대하게 대하라

결혼 초기처럼 계속 배우자에게 주의를 기울이고 배려하라.

자주 소통하라

바쁘면 필요한 이야기만 하게 되는 함정에 빠진다. 누가 아이를 병원에 데려갈 것인가? 가게에서 무엇을 사와야 하는가? 오늘 저녁 식사는 누가 준비할 것인가? 행복한 부부는 꼭 이런 문제가 아니어도 자주 전화하고 문자를 보낸다.

지속해서 관심을 보여라

결혼한 지 아무리 오래되었다고 해도 헤어스타일이 바뀌면 알아봐 주고, 새로 산 옷을 칭찬하고, 가벼운 농담을 주고받으라.

무언가를 함께하라

공동의 프로젝트는 부부관계를 강화한다. 행복한 부부는 한 팀을 이루어 일할 줄 안다.

재미를 추구하라

인생을 너무 심각하게 바라보지 마라. 서로 마주 보며 자주 웃는 부부가 좋은 관계를 유지할 가능성이 크다.

주저 없이 사과하라

사과하는 것을 주저하지 마라. 심술궂게 입을 내밀고 있으면 주위 사람을 울적하게 만든다. 우리는 사과하면서 인간적으로 성장한다.

배우자의 꿈을 지원하라

배우자의 꿈, 희망, 계획에 신경 써라. 그것이 사랑이다.

최근 한 연구에 의하면, 오랜 세월을 함께해온 부부는 서로에게 관대하고 자상하다.

🪑

"불행한 결혼을 만드는 것은
사랑의 결핍이 아니라
우정의 결핍이다."

— 프리드리히 니체

잘한다고 생각하면
정말 잘하게 되는 마법

확신은 개인의 발전에 유익하다. 성취하고자 하는 것을 명확히 밝혀주고, 목표를 더 수월하게 성취하게 한다. 확신이 있으면 더 용감하고 행복해진다. 확신함으로써 내 세상을 창조할 수 있고 생각, 느낌, 신념이 더욱 강화된다. 내 생활을 더욱 강력하게 장악한다.

우리는 자신에게 부정적 확신을 갖는 경향이 있다. 예를 들어 "나는 코가 못생겼어", "나는 잘하는 것이 없어" 같은 말들이다. 이 속삭임에 우리는 아주 비참한 기분이 된다. 이런 생각을 많이 할수록 기분은 더욱 참담해지고 결국 부정적인 생각이 삶을 지배한다. 하지만 확신은 부정적인 방식으로 작동하듯이 긍정적인 방식으로도 움직일 수 있다. 긍정적으로 확신할 때 목표를 더욱 수월하게 달성할 수 있다.

내면에 굳건한 확신을 심고자 한다면 다음 요령을 참고하라.

- 확신은 짧아야 한다.
  예) 나는 자신감이 넘친다
- 긍정적이어야 한다. "아니, 절대, 반드시, 기필코" 같은 말은 쓰지 마라.
- 나를 내세우는 선언에 집중해야 한다.
  예) 나는 침착하고 합리적이다
- 확신에 찬 일은 이미 벌어진 것처럼 현재형을 취해야 한다.
  예) 나는 ~을 갖고 있다, 나는 ~이다, 나는 ~을 할 수 있다

확신에 찬 생각을 정립하고 정기적으로 가능한 한 많이 반복하여 말하라. 머릿속에서 생각하거나 아니면 크게 소리 내어 말하라. 확신을 종이에 적어 눈에 잘 띄는 곳에 붙여놓고 자주 생각나게 하라. 확신의 본질은 자신을 속이지 않는

것이다. 나의 사고방식을 바꾸는 것이다. 그래야 당신이 원하는 것을 얻을 수 있으며 긍정적인 인생관을 갖게 된다. 다음은 몇 가지 구체적 사례이다.

- 나는 내 가슴에 귀를 기울인다.
- 나는 도전을 좋아하며 그것을 통해 발전한다.
- 나는 강하다.
- 나는 건강식품을 먹는다.
- 나는 현재 이대로의 모습으로도 훌륭하다.
- 나는 이 정도면 충분하다고 생각한다.
- 내 몸은 건강하다.
- 나의 요구사항은 중요하다.
- 나의 경제적 상황이 날마다 더 좋아진다.
- 나는 즐거운 인생을 누리는 데 필요한 것들을 가지고 있다.
- 나는 필요한 것을 모두 가지고 있다.
- 나는 생활에서 행복을 느낀다.
- 나는 필요한 시간을 충분히 낼 수 있다.
- 나는 긴장하지 않는다.
- 나는 용감하다.

뒷담화에
휘둘리지 않는 법

말이 얼마나 엄청난 힘을 가졌는지 깊이 생각해본 적이 있는가? 우리가 하는 말은 어느 정도의 영향력이 있을까? 특히 아이들과 관련해서 더욱 중요해진다. 부모는 아이에게 말하는 방식, 전하는 메시지 등을 조심해야 할 엄청난 책임이 있다. 아이들은 우리가 말하는 모든 것을 모방하며 아주 진지하게 받아들인다.

누군가가 나에게 해준 말은 좋은 쪽으로든 나쁜 쪽으로든 생각을 바꾸어놓는다. 사람들은 뒷담화에 왜 그렇게 재빨리 반응할까? 두려움 때문일까? 우리는 다른 사람에게도 나와 같은 문제가 있다는 것을 알게 되면 덜 외롭다고 느낀다. 자신보다는 남 얘기를 하기가 훨씬 쉽다. 책임질 필요도 없고, 문제를 공유하지 않아도 되기 때문이다. 하지만 다른 사람보다는 나에 대해 이야기하는 것이 훨씬 더 건설적이다.

누군가에 대한 뒷담화를 들으면 그것이 머릿속에 남아서 나중에 당사자를 만나면 태도에 제약을 받는다. 뒷담화의 대상이었던 사람을 만나면 불편해진다. 부정적인 방식으로 남 얘기를 하면 나 자신이 병들 뿐이다. 반대로 남에 대해 긍정적인 대화를 나누면 좋은 에너지가 생겨난다. 한번 해보라. 엄청난 차이가 있음을 발견할 것이다.

LIVE STORY 수전의 제자 이야기
남의 색안경을 내가 또?

제자 중 한 학생이 어떤 회사에 인턴사원으로 들어갔는데 상급자와 잘 지내지 못했다. 그녀를 만날 때마다 상급자와 갈등이 있다는 얘기를 들었다. 나는 그 상급자가 부하직원을 이용해 먹고 동료 직원들의 말도 잘 듣지 않는 사람일 거라 상상했다.

몇 년 뒤, 더 많은 학생이 그 회사에서 인턴으로 일하게 되면서 나는 그 회사와 자주 접촉하게 되었다. 그리하여 문제의 상급자를 만나게 되었다. 그런데 그는 친절하고, 적극적이고, 근면한 사람이었다. 자신의 목표를 달성하기 위해 열심히 일하고 있었다. 회사를 찾아갈 때마다 늘 즐겁게 서비스에 집중하는 태도를 보였다. 문제는 내가 제자의 눈을 통해 그 상급자를 보는 바람에 색안경을 끼고서 대인관계를 시작했다는 것이다.

때로 다른 사람이 내 머릿속에 편견을 심어놓는 바람에 멋진 인간관계를 놓치는 수가 있다. 가령 학교 친구들에게 못생겼다는 소리를 들은 열 살 소녀를 상상해보라. 친구들은 질투를 느껴서, 좌절하여, 생활 속의 어떤 것에 실망해서 그렇게 말했을 수도 있다. 하지만 못생겼다는 말은 열 살 소녀의 머릿속에 딱 달라붙어 그것을 진실이라고 생각하기 시작한다. 자라면서 이와 비슷한 일들이 점점 더 많이 생기고 결국에는 거식증, 폭식증, 불안증, 강박증, 자해 행동 등을 일으킨다. 우리는 아이들에게 남들이 하는 말이 반드시 너와 관련이 있는 것은 아니라는 점을 이해시켜야 한다.

🪑 **LIVE STORY** 한 여자의 이야기
　　　아무도 나를 사랑하지 않을 거야

〈오프라 윈프리 쇼〉에 35세의 아름다운 여인이 출연하여 고등학교 시절 이야기를 들려주었다. 체육관 로커 앞에 서 있었는

데, 갑자기 반대편에 있던 두 남학생이 그녀에 대해 얘기하기 시작했고 그것을 엿듣게 되었다. 두 학생은 말했다. "어떤 사람이 제인하고 섹스를 하려면 먼저 머리에다 봉지를 씌워야 할 거야." 두 학생은 그런 다음 웃음을 터트렸다. 이 한마디가 제인의 인생을 통째로 바꾸어놓았다. 그날부터 그녀는 자기가 못생기고 혐오스러운 여자라고 생각했다. 어른이 되어서도 단 한 번도 제대로 된 남녀관계를 유지하지 못했다. 자신이 너무 못생기고 혐오스러워서 어떤 남자도 자신을 사랑해주지 않을 거라고 생각하면서 혼자 살았다. 남의 말 한마디가 그녀를 완전히 세뇌시켰고, 이후 그 말을 반복하면서 완벽한 진실로 받아들였다. 우리가 서로에게 하는 말은 이렇게 중요하다.

어떤 날을 잡아 하루 종일 누구에 대해서도 부정적인 말을 하지 않기로 결심하라. 그날은 주위 사람들이 서로에게 하는 말에 귀 기울여라. 그러면 무수한 소문이 퍼져나가고 있음을 발견하곤 놀라게 될 것이다.

당신의 말을 의식하라. 조심스럽게 말하는 연습을 하고 주위 사람에게 상처 주지 않도록 하라. 누군가 당신에게 뒷담화를 할 때마다 그것이 당신 머릿속에 가짜 진실을 심어 놓는다는 사실을 떠올려라.

"뒷담화는 별로 듣고 싶지 않아."

"넌 그걸 어떻게 알아?"

"그게 진짜라고 확신할 수 있어?"

뒷담화는 피해가기 어렵지만 이렇게 말함으로써 나 자신을 방어할 수 있다.

PART 4

사소한 노력이
나를 진짜 바꾸지

"낮이 끝나고 밤이 왔다.
오늘은 가버렸고 벌어진 일은 이미 벌어진 것이다.
밤사이 당신의 꿈과 희망을 포옹하라.
내일이 완전히 새로운 빛으로 다가올 것이다."

복잡한 머릿속까지 치우는
정리와 청소의 힘

당신은 시간에 쫓기며 사는가, 아니면 스스로 시간을 통제하는가? 인류는 시간을 절약하는 새로운 기술을 계속 개발하고 있다. 그런데 어쩐 일인지 기계장치가 많아질수록 시간에 더 쫓기고 전보다 스트레스를 받는다. 물론 제대로 사용한다면 핸드폰이나 컴퓨터로 시간을 절약할 수 있다. 하지만 기계에 늘 연결되어 있어야 한다는 사실 자체가 스트레스다.

적절히 계획을 세우지 않으면 언제나 시간이 모자라 압박을 받는다. 그러므로 계획을 짜두면 꼭 해야 할 일을 처리할 시간이 충분히 있음을 알고 안심이 된다. 앞으로 해야 할 일 때문에 미리 스트레스를 받을 일이 없다.

"불가능한 것은 없다. 시간이 좀 더 걸릴 뿐."

— 윈스턴 처칠

🪑 LIVE STORY 수전의 이야기
멀티태스킹의 함정

어느 날 주방을 대청소하던 나는 세탁실에 걸레를 가지러 갔다. 가보니 내다 걸어야 할 세탁물이 세탁기 속에 젖은 채 남아 있었다. 하지만 그걸 걸려면 먼저 빨랫줄에 걸려 있는 세탁물을 걷어다 옷장에 넣어야 했다. 부랴부랴 침실에 들어가 보니 꽃에 급히 물을 주어야 한다는 것을 알았다. 그러나 곧 내가 거기 왜 왔는지를 잊어버렸다. 그래서 다시 주방으로 돌아갔는데 아직 걸레를 가져오지 않았다는 것을 깨달았다. 늘 뭔가를 하고 있으므로 효율적으로 행동하는 줄 알았는데 전혀 아니었다.

나는 지금 하고 있는 일에 충분히 집중하지 않았다. 중요한 일 몇 가지에 집중하는 것이 아니라 잡다한 일들을 더 많이 하고 있었다. 그러다 보니 뭔가를 끝냈다는 느낌이 들지 않았다. 멀티태스킹은 별로 효율적이지 못했다. 사람들은 이제 한 번에 한

가지 일을 하는 것이 더 효율적이라고 인식한다. 그렇다. 어떤 일을 잘 처리하고 완료한 다음, 다른 일로 넘어가야 한다. 이 방법이야말로 시간을 절약해준다.

시간을 확보하고 싶다면 TV를 덜 보고 핸드폰과 컴퓨터를 덜 사용하면 된다. 일주일에 몇 시간 정도 화면 앞에 앉아 있는지 생각해보라. 그 시간을 당신이 진정으로 원하는 다른 일에 얼마나 투자할 수 있는지 생각해보라.

한 스웨덴 TV 리포트에 의하면, 스웨덴 사람들은 TV, 라디오, 인터넷, 신문 등을 보거나 듣는 데 하루 평균 6시간을 투자한다. 우리가 하루 중에 받아들인 모든 정보는 24시간 내의 어떤 시점에서 처리되고 가공되어야 한다. 명상, 이완, 회복을 위한 시간을 미리 계획해놓아야 한다.

적당한 정리 정돈 없이 여러 가지 사실, 이야기, 의견 등으로 머릿속을 가득 채워서는 안 된다. 가끔 필요 없는 것들을 정리하여 빈 공간을 남겨두어야 한다. 잠자는 동안에는 이런 일을 할 수가 없다. 수면 중에는 뇌가 우리의 생각을 정리하는 방식을 통제할 수 없는 까닭이다. 이 때문에 의식적인 명상과 이완이 매우 중요하다. 일상생활 중에 명상하는 시간을 내는 것이 필요하다. 가장 좋은 방식으로 명상하는 방법을 알아내 그 시간을 스케줄 속에 짜 넣어라. 운동 못지 않게 이완과 명상을 계획하는 것도 중요하다.

🪑 LIVE STORY 마츠와 수전의 이야기
일단 TV를 꺼라

율리아가 아주 어렸을 때 어린이 TV 프로그램을 저녁 내내 보게 했다. 곧 율리아는 스스로 TV를 켤 줄 알게 되었으나, 뭔가를 하면서 동시에 TV를 켜도 된다는 생각은 하지 못했다. 지금은 가능한 한 TV를 켜지 않으려 애쓴다. 일단 틀면 끄기가 대단히 어렵기 때문이다. 그런데 문제는 디지털에 접근하기가 너무 편해졌다는 것이다. 핸드폰이나 컴퓨터로 검색하는 동안 TV를 켜두기가 너무나 쉽다. 이 문제는 가족 단위로 접근해야 한다. 가끔 기계를 꺼놓아라. 대신 산책을 하거나, 서로 대화를 나누거나, 아날로그 게임을 하는 것이 좋다.

온 가족이 집안일을 하면 각자에게 돌아가는 자유시간이 더 많아진다. 그러면 식구들이 함께 보내는 시간을 더 많이 확보할 수 있다. 아이들도 아주 어릴 때부터 집안일을 도울 수 있다. 자기가 먹은 그릇은 자기가 싱크대에 놓기로 규칙을 정해야 한다. 처음부터 습관을 들이도록 격려하면 즐거운 마음으로 하게 된다.

좀 더 크면 복잡한 일도 거들어줄 수 있다. 도움이 왜 필요한지, 도와주면 어떻게 효율적인지 설명해주면 잘 알아듣는다. 가족이란 온 식구가 함께 일하는 하나의 팀이라는 것을 깨닫는다.

🪑 LIVE STORY 마틴의 이야기
스스로 돕게 하는 법

마틴은 우리가 임시로 양육을 맡은 다섯 살 아이인데, 매주 몇 시간을 함께 보낸다. 마틴은 처음부터는 아니었지만 조금 격려해주자 우리를 돕는 것을 좋아하게 되었다. 집안일을 일종의 게임으로 여기는 듯하다. 간이의자에 올라서서 냄비를 젓고, 채소를 자르고, 식탁을 차리고, 물을 따르는 것을 좋아한다. 어떤 옷을 입어야 하는지 척척 알아서 아주 멋지게 차려입고 나온다. 어머니가 갓난아이 때부터 그렇게 하라고 격려해서인지 남을 도우려 하고 또 멋지게 일을 처리한다. 단, 아이에게 일을 시킬 때는 쾌활하게 요청해야 한다. 잔소리나 명령하는 어조가 아니라 부드럽게 도움을 청하면 적극적으로 참여하려 한다.

아이들이 가정에 소속감을 느끼고 가정이 정말 자신의 집이라고 느끼게 하려면, 모든 집안일과 사소한 일에 참여시켜야 한다. 맡겨진 집안일을 많이 할수록 자신감이 생긴다. 온 가족과 함께 논의하라. 그러면 아이들도 자기 의견이 중요하다는 것을 배운다. 존중받으면 다시 다른 사람들에게 존중을 표시한다.

LIVE STORY 마츠의 이야기
빨래도 할 줄 모르는 남자

나는 아이가 집안일을 돕지 않을 때 어떤 일이 벌어지는지 보여주는 좋은 사례다. 삼남매의 막내인 나는 언제나 보살핌을 받았다. 자상한 어머니, 솜씨 좋은 아버지, 책임감 강한 형, 잘 도와주는 누나가 가족이었다. 식구들은 늘 선의로 나를 도와주려 했고 사랑과 배려로 보살폈다. 지나친 보살핌을 받은 결과, 나는 혼자 사는 데 전혀 대비가 되어 있지 않았다. 나 자신을 어떻게 보살펴야 하는지 몰랐다. 처음 만난 여자친구는 엄청난 충격을 받았다. 빨래도 할 줄 모르고 음식을 만들 줄도 모르는 스물여섯 살 남자와 동거를 시작했으니 말이다.

좋은 계획을 짜고 정리 정돈을 잘하고 싶다면 다음 조언을 참고하라.

- 스케줄을 종이 위에 적어라.
- 한 달, 여섯 달, 한 해 단위로 장기 계획을 짜라. 누가 무엇을 할지를 정하라.
- 한 주 정도의 단기 계획을 짜라. 누가 무엇을 할지를 정하라.
- 하루 계획을 너무 빡빡하게 짜지 마라. 예상보다 오래 걸리는 일, 갑자기 생길 일에 대비하여 여유 시간을 두라.
- 남들이 시간을 빼앗으려 할 때 안 된다고 말하라.
- 가능한 한 많은 일을 위임하라.
- 온 가족이 한 팀이 되어 계획을 짜라.

하루 중 어느 시간대에 가장 활력이 넘치는지 파악하라. 가장 중요하고 또 힘이 많이 들어가는 일을 그 시간대에 배정하라. 저녁마다 긴장을 풀 수 있는 시간을 최소한 10분은 마련하라.

이것을 한두 가지라도 실천해보면 좋아진 기분에 스스로도 놀랄 것이다. 계획을 짜고 정리 정돈을 잘하는 데도 연습이 필요하다. 당신이 어떤 것을 언제 어떻게 하는지 그 방식을 바꾸어야 하기 때문이다. 처음에는 죄의식을 느낄 수도 있지만 불필요하다. 당신은 좋은 기분을 유지하면서 살 자격이 충분한 사람이다.

🪑 LIVE STORY 마츠의 이야기
약속이 너무 많아

내 달력은 항상 스케줄로 빼곡히 들어차 있었다. 언제나 바빴다. 재빨리 걸었고, 재빨리 먹었으며, 재빨리 운전했다. 해야 할 일이 너무 많았다.

나는 비현실적인 목표를 설정했고 시간도 충분하지 않았으므로 늘 중요한 일들을 골라가며 해야 했다. 하루에 다 해치우지 못한 일은 다음 날로 미루었다. 그러면 다음 날은 어제보다 더 스트레스가 많은 날이 되었다. 수전도 똑같은 문제를 겪었다.

수전과 나는 일을 천천히 혹은 정상적인 속도로 하는 사람들을 잘 참지 못했다. 줄 서는 것을 싫어했고, 천천히 말하는 사람에게는 짜증이 났다. 초조해서 느긋하게 있지 못했다. 엄청난 스트레스 때문에 딸과 함께 놀 때도 놀이에 집중하지 못했다. 앞으로 해야 할 일과 깜빡 잊고 하지 못한 일을 생각했다.

부모님을 만나러 가다가 교통 체증 때문에 길 위에 갇혔는데 온몸이 폭발해버릴 것 같은 느낌이 들었다. 그 순간에는 약속도 없었고, 어떤 것도 늦게 처리하지 않았는데 말이다. 왜 이렇게 스트레스를 받는지 의문을 가진 적도 없었다. 문제는 나의 잘못된 생활방식이었다.

만약 당신이 이런 상황이라면 사태의 심각성을 깨달아야 한다. 이렇게 사는 것은 건강하지 못하며 대책을 세워야 한다. 스트레스를 일으키는 요인의 정체를 파악하고 신경 써야 한다. 당신이 바꿀 수 없는 것을 대하는 방식도 바꾸어야 한다.

나를 위한 시간을 따로 떼어놓고 그것을 스케줄에 표시하라. 핸드폰, 컴퓨터, TV에 투자하는 시간을 줄여라. 체력을 회복할 시간이 필요하다. 목욕을 하고, 음악을 듣고, 명상하고, 요가하고, 산책하라. 산책은 단 15분이라도 좋다. 긴장을 이완하라.

회복이 생활의 최우선순위가 되어야 한다. 현재 영위하는 생활이 높은 수준의 활동을 유지하고 있다면, 더욱더 휴식을 취해가며 해야 한다.

"지난밤 나는 천 가지 계획을 세웠으나

아침에 일어나자 모두 잊어버렸다."

잘 정돈된 주위환경은 웰빙에 중요하다. 혼란스러움과 무질서는 우리에게 스트레스를 안겨준다.

가족 구성원마다 혼란스러움을 다르게 정의한다. 각각의 정의를 대화를 통해 하나로 통일하고 공통의 이해에 도달하는 것이 중요하다. 질서와 청결은 완벽주의와는 다르다. 완벽주의는 강박증과 공포심을 가져오는 건강하지 않은 심리 상태다. 정리 정돈은 물건들을 올바른 자리에 놓아두는 것이다. 인테리어 잡지 속의 집처럼 보일 필요는 없다. 하지만 들어가서 살고 싶은 생각이 들 정도는 되어야한다.

우리가 스트레스를 받는 상황은 머릿속이 혼란한 것과 비슷하다. 내면에서 그런 혼란이 벌어진다면, 주변 환경을 정리 정돈하는 것은 더욱 중요해진다.

LIVE STORY 수전의 이야기
정리 정돈도 전염된다

나는 예전에 온 집안에다 옷을 벗어 던지곤 했다. 그러자 딸 율리아도 그걸 따라 하게 되었다. 딸에게 무질서가 아무렇지도 않다고 가르친 것이다. 이제 율리아는 10대 소녀. 다른 아이들이 그러하듯이 여전히 아무 데나 옷을 벗어 던진다. 이제 나는 그런 버릇을 고쳤다. 내가 기준을 세우면 딸도 쫓아오면서 어른으로 성장할 것이다. 우리가 아이들에게 해줄 것은 결국 규칙과 기준을 설정하는 것이다. 물론 아이들이 잘 따라 하지 않는다는 것을 번번이 발견하면서 놀라기는 하지만.

어지럽게 흩어진 상태는 어떤 영향을 미칠까? 침실에서 간단한 실험을 해보라. 정돈되지 않은 침대가 있는 방을 한번 살펴보라. 어떤 느낌이 드는가? 이어 침대를 정돈하고, 이불을 쫙 펴고, 침대 옆 테이블을 깨끗이 청소해보라. 불필요한 물건은 모두 치워라. 문턱에 서서 자신에게 물어보라. 이제 어떤 기분이 드는가?

당신이 잠에서 깨어났을 때 가장 먼저 보는 것은 무엇인가? 그것이 당신이 보고 싶은 것인가? 방의 정돈 상태는 수면에도 영향을 미친다. 집에 왔을 때 현관에서 제일 먼저 보이는 것은 무엇인가? 나를 위해 집을 더 단정하고 아늑하게 만들어보라.

"당신이 가지지 못한 것을 생각하지 말고,

이미 가지고 있는 것을 생각하라."

— 마하트마 간디

다음은 집안을 정리 정돈하는 팁이다.

물건을 너무 많이 놔두지 마라

밖에 나와 있는 불필요한 물건, 침대 밑에 있는 것, 소파 밑에 있는 것, 문 뒤에 있는 것 등을 모두 치우거나 없애버려라. 설사 눈에 띄지 않는다 하더라도 그 물건이 거기 있다는 것을 의식하기 마련이어서 평온함과 차분함이 사라진다.

옷장을 청소하라

옷장 문을 열면 모든 것이 가지런히 정돈되어 있어야 한다. 합리적인 수납 방식을 정하라. 옷을 정리하는 방법을 확립하라.

벽면을 정리하라

그림, 사진, 선반, 벽걸이 등은 주위의 가구나 물건과 조화를 이루어야 한다. 그렇지 않으면 벽 위에서 둥둥 떠다니는 것처럼 느껴진다.

공간을 재배치하라

한 번에 방 하나씩 현재 상태를 점검한 뒤, 가구를 옮겨놓고 느낌이 어떤지 살펴보라. 물건을 정리하고 필요 없는 것은 버린 다음 변화를 한동안 음미하라. 그 방을 어떻게 재배치할 것인지 가족회의를 열어보라. 모든 가족이 새로운 공간을 즐겨야 한다. 의견을 나누면 언제나 새로운 해결방법이 나온다.

모든 운동은
의식하면서 규칙적으로

얼마 전만 해도 사람들은 몸을 많이 쓰면서 일했기 때문에 낮 동안에 자연스럽게 스트레스 호르몬을 해소할 수 있었다. 하지만 오늘날 많은 사람들이 하루 종일 앉아서 일한다. 이런 이들에게 운동은 중요하다. 운동은 스트레스와 불안으로 고생하는 사람들에게 특히 유익하다. 낮 동안 축적한 과도한 스트레스 호르몬을 제거해야 하는데, 운동은 몸에서 유해한 독소를 제거해준다. 기억력을 좋게 하고 학습능력과 집중력 등 전반적인 두뇌 기능을 향상시킨다. 운동을 하면 잠을 더 잘 자게 되고 면역체계가 강화된다. 너무 과도하게 만 하지 않으면 운동은 언제나 유익하다. 지나치게 힘든 운동은 면역체계를 약화시키므로 주의해야 한다.

어떤 운동을 하는지보다 주기적으로 운동하는 것이 훨씬 중요하다. 매일 빠르게 30분씩 걷는 것도 좋은 운동이다. 운동할 때 신체에서 분비되는 호르몬인 엔도르핀은 평소보다 민첩하게 해주고, 느낌과 반응을 더 잘 통제하게 한다.

운동을 시작하는 순간부터 우리 몸은 스트레스 호르몬을 억제한다. 당신은 몸이 작동하는 방식을 알게 되고 몸을 더 잘 의식한다. 신체적으로나 정신적으로 균형 상태를 유지하고 더 깊은 평화를 느낀다.

LIVE STORY 마츠의 이야기
운동하면 기분이 좋아지는 이유

운동은 정서 상태에 커다란 영향을 미친다. 나는 꾸준히 운동을 하면서 스트레스와 불안을 전보다 한결 수월하게 이겨낼 수 있었다. 전보다 더 행복해졌고, 더 많은 에너지가 샘솟았고, 인내심도 커졌다. 운동은 시작하기가 어렵지만 동기만 찾으면 계속하고 싶어진다. 그래서 나는 언제나 운동할 시간을 확보했다. 내 몸을 잘 보살피는 내가 자랑스러웠고 덩달아 자신감도 높아졌다.

푹 자라,
쓸데없는 고민도 사라질 테니

스웨덴의 수면 연구 권위자인 토르비에른 오케르스테드트 교수에 따르면, 수면이 건강에 중요하다는 것은 이미 널리 알려져 있다. 실제로 좋은 수면 습관을 들이면 각종 질병에 걸릴 위험이 크게 낮아진다.

오케르스테드트 교수는 수면이 정서적 균형에 아주 중요하다고 강조한다. 수면에 관한 과학적 자료들에 의하면, 수면이 부족하면 감정에 동요를 일으켜 급격한 감정 변화를 가져온다는 것을 알 수 있다. 잠이 부족하면 평소에는 신경 쓰지 않을 일에도 과잉반응하게 된다. 최근의 연구는 불면증이나 수면장애가 콜레스테롤 증가, 심장병, 당뇨병, 우울증, 탈진 증세를 가져온다는 것을 밝혀냈다.

우리 몸을 보수하여 튼튼하게 하고, 낮 동안에 쌓인 피로에서 회복하려면 깊은 잠을 자야 한다. 잠을 잘 자지 못하거나 수면이 방해를 받으면 우리 몸은 회복하는 능력을 상실한다.

이런 회복 결핍은 수면장애와 스트레스 사이의 연결 관계를 설명해준다. 수면장애를 일으키는 공통적인 요인은, 머릿속 생각을 꺼버리는 데 어려움을 느낀다는 것이다. 수면장애는 남자보다 여자에게 더 많다. 교사나 간호사 등 남을 보살피는 직업에서 발생 빈도가 높은데, 이 직업군에 여성들이 많이 진출해 있기 때문이다.

회복 시간이 부족한 또 다른 이유는 우리 사회가 '24시간 사회'라는 점이다. 우리는 하루 24시간 일할 것을 요구받는다. 24시간 활동적으로 일하기 때문에 일하는 시간과 자유 시간의 구분이 더 이상 존재하지 않는다.

늦은 밤의 활동은 신체 리듬을 깨트리고 얕은 잠이나 불면증을 유도한다. 야행성 습관은 잠의 질을 떨어트리고, 이것은 다시 주의력을 산만하게 하고 집중력을 저하한다. 모든 일에서 효율성이 떨어진다. 인간은 피곤을 해소하고 장기적으로 질병 발생의 위험을 낮추기 위해 하루에 7시간은 자야 한다.

LIVE STORY 수전의 이야기
잠자는 시간을 줄이자 벌어진 일

혼자 있는 시간이 절실히 필요했던 나는 잠자는 시간을 줄였다. 아이를 양육하는 부모로서 가정을 우선시하다 보니 나 자신에게 필요한 시간은 밤으로 미루었다. 밤을 이용하여 공부하고, 바느질하고, 책을 읽었다. 단기적으로는 성공이었다. 낮 동안에는 가정을 돌보고 밤에는 나 자신을 위한 일을 했으니까. 하지만 한참 뒤에 온몸이 아프기 시작했다.

이제 나는 잠이 얼마나 중요한지 잘 알고 있다. 잠자는 시간을 줄이면 엄청나게 많은 문제가 발생한다. 나는 내 몸에 신경을 쓰면서 잠이 부족할 때 신체가 보내오는 신호를 귀 기울여 듣는다.

그러나 수면에 대하여 너무 강박적으로 생각하지 마라. 몰두하면 할수록 아예 잠을 자지 못할 수도 있다. 잠을 잘 자면 걱정과 불안 등 우울증세가 줄어들고 자존감도 높아진다. 실제로 잠든 시간에 집중하고 자지 못한 시간은 생각하지 마라. 다음은 잠을 잘 자는 것을 도와주는 몇 가지 방법이다.

침실에서 TV, 컴퓨터를 치워라

한 연구는 TV 시청이 긴장을 풀어주지 않는다고 말한다. 당신의 뇌는 눈으로 본 것을 다 정리하느라고 쉬지를 못한다.

침대에서 일하지 마라

침대는 긴장을 풀고 사랑을 하는 곳이므로 다른 행동은 하지 마라.

방안을 어둡게 하라

피곤 호르몬인 멜라토닌은 빛과 어둠에 의해 조절된다. 컴퓨터와 핸드폰 화면의 빛은 눈을 통해 뇌에 도달하는데, 멜라토닌 호르몬의 분비를 방해한다.

좋은 침대에 투자하라

좋은 침대는 비싼 차보다 더 훌륭한 투자 품목이다.

운동하라

꾸준한 운동은 수면의 질을 높여준다. 하지만 침실에 들기 직전에 운동하는 것은 피하라. 운동 직후에는 각성이 되어 잠이 잘 오지 않는다.

카페인, 설탕 등을 줄여라

카페인, 니코틴, 알코올, 설탕은 잠들기 전에 너무 많이 섭취하면 잠을 방해한다.

실내 온도가 적당한지 확인하라

잠들기 전에 문을 열고 환기를 하거나 창문을 열어놓은 채 자라.

문제는 낮에 다 생각해두어라

침대에 누웠는데 해결해야 할 문제가 머릿속에 떠오르면 종이에 적어두고 내일 해결하겠다고 생각하라.

잠이 안 오면 침대에서 일어나라

책을 읽는 등 당신을 피곤하게 하는 일을 하라. 이것이 몸에 또 다른 수면 유도 신호를 주어, 다시 침대에 눕는 순간 잠들게 한다.

일정한 수면 스케줄을 유지하라

취침시간과 기상시간을 정하고 매일 그 시간을 고수하라. 밤 10시 이전에 잠드는 것이 좋다.

잠자기 직전에 식사하지 마라

배부른 상태에서는 잠이 잘 안 온다.

긴장을 풀어라

잠들기 전에 긴장을 풀어보아라. 기회가 된다면 긴장 이완 훈련을 해라.

잠들기 전에 일정한 절차를 행하라

매일 밤 취침 전에 같은 행동을 하라. 몸에 보디로션을 바른 다든지, 책을 몇 장 읽는다든지, 이를 닦는다든지 하라. 이렇게 몇 주를 되풀이하면 몸이 잠 잘 시간이라는 신호를 받아들이게 된다.

낮잠을 자지 마라

낮잠은 밤잠을 방해한다. 이 요령이 통하지 않는다면 늦잠을 자고 다음 날 밤에는 일찍 취침하라.

　잠이 잘 안 오거나 한밤중에 깨서 다시 잠들지 못할 때 할 수 있는 좋은 훈련이 있다.

1. 똑바로 누워서 양팔을 차렷 자세로 하고 양손은 옆구리나 배 위에 모은다. 두 다리는 곧바로 펴고서 움직이지 않는다. 베개나 돌돌 만 담요로 허리를 받히거나 그게 불편하다면 무릎을 받힌다. 그리고 눈을 감는다.
2. 가슴과 배에 집중한다. 숨을 쉴 때마다 가슴과 배가 어떻게 오르내리는지 관찰한다.
3. 코로 들숨과 날숨을 천천히 쉰다. 숨을 들이쉬고 내쉬면서 하나에서 열까지 센다. 그런 다음 열에서 하나까지 거꾸로 센다. 이것을 처음부터 반복한다.

이 훈련을 하면 생각의 흐름을 끊을 수 있고, 몸의 긴장을 이완시킬 수 있다. 지금 이 순간에 벌어지는 일에 집중할 수 있다.

힘들 땐 도움받는 걸
망설이지 마

항우울제는 심리 상태를 부분적으로 바꾸어놓기 위해 처방하는 약물이다. 약을 먹으면 어느 정도 생활방식과 부정적인 행동을 바꿀 수 있다. 스트레스와 불안증세로 고통받는 사람들이 약을 사용할지 말지 고민하는데, 약을 먹는다 해도 당신이 허약한 사람이라거나 실패한 사람이라는 의미는 아니다. 부끄러워할 일도 아니다. 또 평생 약을 먹어야 한다는 뜻도 아니다.

약을 복용할 생각이라면 동시에 치료사나 심리사의 상담을 받아보는 것이 좋다. 인지행동치료(CBT, Cognitive

Behavioral Therapy)를 전문으로 하는 치료사라면 더욱 좋다. 인지행동치료는 심리적 치료 기술이다.

이 치료는 심인성 질환을 가져오는 생각, 느낌, 행동을 다스리는 방법을 가르쳐준다. 각종 증상을 제거하고 재발하는 것을 막아준다. 인지행동치료는 구조적이고 적극적인 형태의 심리치료로서, 과거보다는 현재와 미래에 더 집중하도록 유도한다.

항우울제는 평온함을 느끼게 하고, 균형 잡힌 심리 상태를 유지해주며, 약을 복용하지 않았을 때의 격렬한 감정을 완화시킨다. 효과가 있기까지 몇 주가 걸릴 수도 있다. 복용 초기에는 공포와 불안에 따르는 증상이 오히려 악화되기도 한다.

옥사제팜, 바리움, 자낙스 등 신경안정제를 사용하기로 결정했다면 중독성이 있다는 것을 명심해야 한다. 따라서 단기간에 제한된 수량만 복용하는 것이 좋다. 어떻게 하는 것이 가장 좋은지 의사, 치료사, 심리사와 의논하라.

항우울제가 모든 사람에게 효과가 있는 것은 아니다. 어떤 사람은 복용 후에 증세가 더 나빠진다. 또 어떤 사람은 몇 가지 다른 약물을 사용한 끝에 비로소 가장 잘 맞는 약을 만나기도 한다.

나(마츠)는 처음부터 약물 복용에 철저히 반대했다. 이것은 불안 증세가 있는 사람의 전형적인 태도다. 약물의 부작용과 중독성이 두려웠다. 그러나 몸 상태가 최악이 되어 일상생활을 제대로 영위할 수 없게 되면서 선택의 여지가 없었다. 항우울제를 복용하기 시작했고 불안증세가 많이 가셨다. 약물 복용과 동시에 시작한 심리치료도 도움이 되었다.

나(수전)는 한동안 항우울제를 복용했다. 덕분에 과도한 감정적 반응을 쉽게 통제할 수 있었다. 인지행동 치료사의 도움도 받았다. 그는 내게 다양한 운동을 시켰다. 전문 상담은 내가 바꾸어야 할 것들을 바꾸는 데 큰 도움을 주었다. 내 행동방식에서 새로운 통찰을 얻기는 힘들고 고통스럽다. 하지만 회복을 위해서는 꼭 필요한 일이다.

카페인과 설탕의
유혹에서 벗어나자

많은 사람들이 기운을 내고, 평정심을 회복하고, 자기 자신을 위로하고, 자신감을 높이기 위해 여러 가지 각성제를 사용한다. 하지만 일단 사용한 후에는 스트레스에 더욱 민감해지고 죄의식, 걱정, 불안 등으로 몸 상태가 더 나빠진다.

각성제에 의존하면 중독에 빠질 수 있다. 담배, 커피, 와인, 초콜릿 등이 긴장 완화에 도움을 준다고 믿지만 실은 정반대다. 정신이 맑아지는 느낌이 들 때도 있지만, 어디까지나 일시적인 현상일 뿐 곧이어 부작용이 나타난다. 더 피로하고 나아가 더 불안하다. 그래서 각성제를 다시 '보충'해야 할 필요를 느낀다. 이런 상승과 하강의 사이클은 계속된다. 하루 일과가 끝나가면서 당신의 몸은 오히려 각성제의 도움 때문에 고통받는다. 죄의식이라는 또 다른 부정적인 감정을 만들어낸다.

설탕

당분이 많은 음식을 먹으면 혈중 당도가 높아진다. 그러면 다시 우리 몸은 혈중 당도를 억제하는 인슐린을 생산한다. 체내에 인슐린이 너무 많으면 혈중 당도가 낮아지고, 몸은 정상 수치에 도달하기 위해 아드레날린을 생산한다. 아드레날린은 우리를 긴장, 걱정, 불안으로 가득하게 하는 부작용이 있다.

지난 몇 년 동안 많은 설탕과 감미료가 음식에 등장했다. 과당이 높은 옥수수 시럽, 말토덱스트린, 포도당, 콘스타치(옥수수 녹말), 아스파테임(인공 감미료용 저칼로리 단백질), 자당, 스테비아 등이다.

아스파테임을 너무 많이 먹으면 설사를 한다. 자당은 장에 염증을 일으키는 것으로 알려져 있다. 연구조사에 의하면 인공 감미료는 제2형 당뇨병, 심장병, 신진대사 증후군, 비만 등과 관련이 있다고 한다. 새로운 감미료도 천연 설탕과 마찬가지로 인체에 나쁜 영향을 준다. 몇몇 새로운 감미료는 신체와 두뇌가 그것을 에너지로 활용하지 못하기 때문에 더 해롭다고 알려져 있다. 인공 감미료는 간에 축적되었다가 나중에 지방으로 변해버린다.

🪑 LIVE STORY 수전의 이야기
설탕을 피하는 법

한동안 단것을 지나치게 좋아하는 증세가 있었다. 설탕은 어디에나 있었으므로 그것을 피한다는 것은 너무나 고통스러웠다. 특히 저녁 식사 후에 단것이 너무 당겼다. 파스타나 빵 같은 탄수화물이 풍부한 음식이나 패스트푸드를 먹고 나면 단것이 먹고 싶었다. 설탕을 피하는 유일한 방법은 그것을 아예 집에 두지 않는 것이었다. 집에 있으면 참지 못할 테니까. 과학적으로 설탕은 중독 물질이 아니라고 하지만, 나에게는 중독성이 대단했다. 단것이 먹고 싶을 때 억지로 참고 있으면 짜증이 솟구쳐 올랐다.
하지만 이것은 습관의 강력한 힘을 보여주는 것일 뿐이다. 나는 대안으로 과일, 계피를 넣은 희고 부드러운 치즈, 바나나 몇 조각을 먹기 시작했다. 단것을 향한 갈증을 다스리고 난 다음에는 이를 닦았다. 갈증에서 벗어나는 데 큰 도움이 되었다.

딸 율리아가 아주 어렸을 때 아이가 단것을 먹고 나면 태도가 크게 바뀌는 것을 발견했다. 일주일에 한 번씩 율리아는 동네 구멍가게에서 사탕을 사 왔다. 사탕을 먹고 나서는 움직임이 활발해지면서 불평을 말하고 짜증을 냈다. 사탕이 떨어지면 더 사와야겠다고 소리치기도 했다. 지금 와서 생각해보니, 처음부터 율리아에게 사탕을 주지 말았어야 했다. 하지만 아이의 뜻을 무시하기가 어려웠다.

많은 사람들이 설탕의 나쁜 효과를 점점 의식하고 있다. 그래서 부모들은 아이에게 설탕 섭취를 제한하려 애쓴다. 하지만 생각만큼 쉬운 일이 아니다. 어린이용이라고 광고하는 제품에도 많은 당분이 첨가되어 있다. 어린이를 위한 요구르트, 시리얼, 주스 등은 어른을 위한 제품보다 설탕이 더 많이 들어 있다. 아이들은 몸이 작은데 어른보다 설탕 섭취량이 많아서 문제다. 당분을 섭취하면서 하루를 시작하는 것도 좋지 않다. 하루 종일 설탕에 대한 갈증을 높이기 때문이다.

스웨덴 정부는 취학 연령의 아동은 주당 1.5데시리터(10분의 1리터) 이하로 사탕을 먹을 것을 권장한다. 또 식사 중에는 탄산음료나 주스보다는 물을 마실 것을 권한다.

카페인

카페인은 커피, 녹차, 홍차, 초콜릿, 과라나 등에서 발견된다. 최근에는 에너지 음료가 인기를 끌면서 소비량이 늘어나고 있다. 아이들은 몸집이 작기 때문에 많은 양의 카페인을 감당하지 못하며, 어른처럼 카페인에 익숙하지 않다. 아이들은 카페인을 과다 섭취하면 구역질, 어지러움, 불안, 맥박 항진, 근육통 같은 증세를 겪을 수 있다. 카페인은 스트레스를 유발하며 정신 산만, 긴장, 짜증과 불안 등을 가져온다. 카페인은 중추 신경을 과도하게 자극한다.

스웨덴 정부는 카페인 과다 섭취가 유산을 초래할 수 있다고 경고하면서, 임신부에게 카페인 섭취를 줄이라고 권장한다. 특히 카페인은 알코올과 함께 섭취하면 더욱 위험하다. 자극을 적절히 활용하는 방법이 결코 아니다. 카페인은 자극제이고 알코올은 우울 유발제다.

알코올

알코올은 우리 사회에서 널리 인정되고 있는 약물이다. 사실 알코올에는 손쉽게 중독된다. 많은 사람들이 긴장을 풀거나 휴식을 취하는 방법으로 음주를 선택한다. 게다가 적당한 음주의 한계를 설정하기가 언제나 쉬운 것은 아니다.

알코올 중독은 심각한 질병이며 이 병을 이겨내려면 도움이 필요하다.

알코올은 사람의 감정을 진정시키는가 하면 격동시킨다. 시간이 흐를수록 죄의식과 불안감을 강화한다. 칼로리가 높으며, 단것에 대한 욕구를 치솟게 한다. 당신이 과도하게 음주를 하고 있다고 생각한다면, 전문가의 도움을 받는 것을 두려워하지 마라.

설탕, 커피, 담배, 알코올에 대한 갈증을 약화하거나 없애버리는 것은 충분히 가능하다. 당신은 사탕, 초콜릿, 술 등을 섭취해서는 안 된다는 것을 잘 알고 있지만 그래도 여전히 끊지 못한다. 왜일까? 몸이 보내오는 신호에 따라 행동하는 것이 너무 어렵기 때문이다. 우리는 몸이 요구하는 사항을 들어주려 하지 않는다.

물론 기호식품을 과잉 소비하는 데는 이유가 있다. 어쩌면 당신은 위로, 도피, 긴장 이완 등을 원할 것이다. 내면의 허전함을 채우고 싶을 것이다. 모든 각성제는 그 나름의 보상을 해준다. 음주에서 얻는 보상이 긴장 이완이라면, 긴장을 푸는 더 건강한 방법을 찾아보라. 카페인이 정신을 맑게 하기는 하지만 중독에서 벗어나고 싶다면 빨리 걷는 산책을 해보라. 기존의 각성제보다 더 좋은 보상을 해주는 건전한 대안을 찾으려고 노력하라.

우리는 몸 안에서 갈증이 일어나면 먼저 그것을 억압하려 한다. 하지만 욕구를 생각하지 않으려 할수록 그것을 억압하지 못하리라는 두려움은 더 커진다. 그래서 갈증을 다루기가 더욱 어려워진다.

당신의 갈증을 무시하거나 억압하려 하지 말고 그 욕구에 귀를 기울여라. 주의 깊게 들어보라. 갈증이 솟구칠 때 어떤 느낌인가? 무엇을 생각하는가? 자신을 질책하는가? 이번 한 번만 갈증에 굴복하는 것이 뭐 그리 대수일까 하면서 나 자신을 설득하려 하는가?

갈증에 굴복하지 않을 때 당신이 얻게 될 모든 긍정적인 것들을 생각하라. 굴복하기 전에 10분만 더 기다려보라. 10분 동안 꾹 참을 때 어떤 기분인지 살펴보라. 당신의 감정을 관찰하고 기술하라. 어떤 느낌이 들든 상관없다. 그리 무서운 느낌이 아님을 발견하게 될 것이다.

당신의 진짜 감정에 귀 기울이고, 하고 싶지 않은 것을 하게 만드는 충동은 무시하라. 욕구를 억압하여 불안함을 느끼면 정신을 집중할 만한 일을 하라. 산책하거나, 일하거나, 친구에게 전화하라. 피로가 몰려오면 잠시 누워 낮잠을 자

라. 갈증이 사라지는 데 시간이 얼마나 걸리는지 주목하라.

굴복하지 않는 연습을 하면 할수록 갈증을 참기가 더 쉬워진다. 충동과 갈등이 사라질 때까지 참아낼 수 있다면 생활이 한결 윤택해진다. 당신이 더 강해졌음을 느낀다.

앞으로 스트레스나 불안증세가 호전되거나 아예 사라진다면 커피, 차, 술, 초콜릿 등을 다시 먹을 수 있다. 그러나 이런 기호식품을 지나치게 좋아하거나 중독되어 있다면 앞으로도 먹지 않는 것이 좋다. 가장 중요한 것은 기호식품이 당신에게 어떤 영향을 미치는지, 당신의 한계는 어디까지인지 헤아려 경계하는 것이다.

PART 5

변화는 다른 선택에서
시작된다

"내가 있고자 하는 곳에 있지 못할지라도 고맙게도 과거에 그대로 있지는 않다."

— 조이스 마이어

색깔만 바꿔도
삶의 질이 달라져

우리는 내가 어떤 색깔을 좋아하고 또 싫어하는지 잘 알지만, 정작 색깔이 사람에게 미치는 영향은 잘 알지 못한다. 자연에서 색깔은 언제나 의미가 있다. 생존하기 위해 벌레를 유인해야 하는 식물들은 아주 밝은 색깔을 가지고 있다.

사람들이 가장 좋아하는 색은 파랑이다. 이 호감의 근거에는 푸른 하늘이 관련되어 있다. 우리 입술이 붉은 것은 호르몬을 분비하여 성적 매력을 유지하기 위해서다. 여자의 젖꼭지가 적갈색인 것은 갓난아이가 영양의 원천을 쉽게 찾게 하기 위해서다. 인도는 이미 기원전 2000년대에 색깔 치료를 했다. 이집트인들도 그 무렵에 치료의 수단으로 색깔을 사용했다.

건축가이며 심리학자인 칼 뤼베리는 그의 저서 《일상생활 속의 색깔과 치료》에서 이렇게 썼다.

색깔과 빛이 우리 몸에 미치는 효과를 알아내기 위해 무수한 의학적 연구가 진행되었다. 그 결과 색깔은 우리 몸의 항상성, 즉 평형 유지에 강력한 영향을 미친다는 것이 밝혀졌다. 색깔이 있는 빛은 빈도와 색깔에 따라 다양한 심리적 효과를 발휘한다. 실험 대상자가 육안으로 색깔을 보지 못하는 상황에서도 마찬가지다. 송과선(松科腺)과 뇌하수체는 빛의 흐름에 반응하여 호르몬을 분비한다. 이러한 반응은 우리 눈을 찌르는 빛뿐만 아니라 피부에 와닿는 빛에 의해서 결정된다. 이것은 깊이 생각해볼 문제다. 우리 몸은 벌레나 유충과 마찬가지로 원시적인 '총체적 보기'의 기능을 가진 빛수용체(受容體)이기 때문이다. 자연은 다음과 같은 빛의 실험을 하고 있다.

북극에 사는 이누이트족 여인들은 가장 어두운 겨울 몇 달 동안 생리가 끊겨서 일시적으로 불임 상태가 된

다. 이와는 대조적으로 열대에 사는 여인들은 기아와
생활고에도 불구하고 일 년 내내 가임 상태다.

색깔은 진동이다. 색깔이 강할수록 진동도 강해진다. 이
진동 덕분에 우리는 육안뿐만 아니라 피부로도 색깔을 알아
본다. 그래서 눈먼 사람도 색깔을 알아볼 수 있다. 감정, 생
각, 혈압, 체온, 호흡과 면역 반응도 색깔의 영향을 받는다.
색깔에는 치유하는 힘이 있다. 가령 푸른빛은 황달 증세를
갖고 태어난 아이에게 사용된다. 또한 당신의 웰빙을 위하
여 날마다 색깔을 활용할 수 있다.

빨강

빨강은 신경체계에 영향을 주어 아드레날린 분비를 촉진한
다. 혈압, 호흡, 혈당 수치가 올라간다. 성호르몬이 작동하고
근력이 증가한다. 빨강은 피와 불의 색깔이다. 빨강을 보면
따뜻함을 느끼면서도 열정적이고 적극적인 느낌을 받는다.
사랑, 열정, 욕망, 에너지, 전쟁, 위험, 힘, 권위, 결단성 등과
관련이 있으며 이 때문에 일부 사람에게는 걱정과 스트레스
를 끼치는 것으로 인식된다. 미국에서 빨간색 차를 타는 사
람은 다른 색깔 차를 타는 사람보다 높은 보험료가 부과된

다. 통계 수치에 의하면, 빨간 스포츠카는 다른 차들보다 더 큰 위험을 부추겨 더 많은 교통사고를 일으킨다.

파랑

파랑은 빨강과는 정반대의 효과를 발휘한다. 부신을 자극하여 코르티손을 분비하게 하는데, 이것은 혈압을 낮추고 호흡을 느리게 하며 아드레날린 수치를 낮춘다. 체내의 산소 수치를 줄이고, 호르몬 활동을 감소시키고, 염증을 완화한다. 우리는 파랑을 진정시키는 색깔로 인식하지만 동시에 조금 우울한 것으로 보기도 한다. 그래서 과잉행동을 보이는 아이의 방에 사용하면 좋다. 관찰이나 지성과도 관련이 있으며 신임, 신뢰, 의리, 충성 등을 나타낸다. 진청색은 부와 권력의 상징이기도 하다.

노랑

노랑은 태양의 색깔이기 때문에 마음에 자극을 준다. 낙관, 계몽, 행복, 행운, 지성, 에너지 등으로 인식된다. 난독증이 있는 사람은 방을 노란색으로 도배하면 도움이 되며, 노란색 바탕의 텍스트를 좀 더 쉽게 읽는다. 노랑은 즉각적이고 불안정한 색깔이다.

녹색

녹색은 아주 중립적인 색깔이다. 마음을 진정시키고 긴장을 풀어주며 일반적으로 조화, 젊음, 신선함 등으로 인식된다. 발전, 성장, 비옥함, 안정감, 지구력 등을 자극하기도 한다. 정신집중을 도와주고 안전한 느낌을 가져다준다.

주황

주황은 혈액순환을 도와주고 강력한 긍정적 느낌과 부정적 느낌을 동시에 환기한다. 열광, 애호, 행복, 창조성, 결단, 매력, 성공, 격려, 자극 등을 상징한다. 식욕을 돋우고 소화를 자극하며 기독교에서는 탐식을 상징한다.

보라

보라는 차가운 색인 파랑의 안정감과 따뜻한 색인 빨강의 열정을 종합한다. 지혜, 위엄, 독립, 창조성, 신비, 마법, 힘, 고상함, 사치스러움, 왕족의 신분, 야망 등을 상징한다. 영감을 주고 창조성을 높이는 색이다.

분홍

분홍은 빨강이 상징하는 것을 좀 약하게 드러내는 색깔로 알려져 있다. 사랑과 애정을 상징하지만 열정과는 무관하다. 소녀들에게는 자극을 주고 소년들은 안정시킨다. 분홍 중에서도 특별한 색상인 밀러 핑크는 사람을 차분하게 만들어주어서 미국 경찰이 조사실을 이 색으로 꾸밀 정도다. 이 방에 들어가면 난폭한 용의자도 침착해진다.

갈색

갈색은 안정성, 신뢰성, 접근 가능성 등을 상징한다. 남성적 특질을 드러내기도 한다. 땅의 색깔로, 우리의 근원을 보여준다. 자연스럽고 유기적인 모든 것과 결부되어 있다. 지저분한 색으로 인식되기도 한다.

하양

하양은 빛, 선량함, 평화, 정직, 정결, 중립, 편안함, 안전함 등을 상징한다. 하양은 다른 색깔들을 좀 더 분명하게 드러나게 한다. 하지만 너무 많이 쓰면 냉정해 보일 수 있다.

검정

검정은 에너지를 삼켜버리며 정적, 평온, 무거움 등으로 인식된다. 힘, 권위, 우아함, 죽음, 사악함, 신비 등과도 관련이 있다. 검정은 진중하고 근엄한 색이다. 하지만 검정을 너무 많이 쓰면 우울증을 유발하고 불안감을 안길 수도 있다. 사물을 강조하기 위해 사용하기도 하는데, 적정량을 쓰면 긴장과 활기가 생긴다.

회색

회색은 지성, 지식, 지혜의 색이다. 의젓하고, 보수적이고, 권위적인 것을 나타낸다. 특색 없이 보일 수도 있지만, 타협을 상징하는 색이고 자제심과 독립심을 드러낸다.

색깔은 문화권마다 서로 다른 것을 상징한다. 예를 들어 스웨덴 사람들은 추운 크리스마스 시즌에 따뜻하고 아늑한 느낌을 환기시키기 위해 집을 빨간색으로 장식한다. 화장실은 파랑, 녹색, 하양으로 장식하여 청결한 느낌이 들게 한다. 자기 직관에 귀를 기울이면 적절한 색깔을 배합하여 균형을 유지하는 솜씨를 발휘할 수 있다. 은행이 로고에 푸른색을 사용하고 회사원들이 진청색 양복을 선택하는 것은 결코 우연이 아니다. 소방차가 왜 빨간색인지는 쉽게 이해할 수 있다. 우리는 의식적이든 무의식적이든 색에서 영향을 받는다. 짙은 색은 사물을 더 작아 보이게 하고, 밝은색은 더 크게 보이게 한다. 짙은 색은 무겁게 보이고 밝은색은 좀 더 가볍게 보인다. 이런 정보를 잘 활용하여, 자기 이미지에 맞게 원하는 분위기로 환경을 바꾸어볼 수 있다.

🪑 LIVE STORY 마츠와 수전의 이야기
우리 집 인테리어

우리는 집을 다채로운 색깔로 꾸몄다. 누군가는 색깔을 너무 많이 사용한 것 아니냐고 할 만큼 말이다. 거실과 주방이 있는 1층은 노랑, 빨강, 주황의 구도를 유지했다. 2층에는 침실 두 개와 사무실이 있는데 파랑, 분홍, 보라로 장식했다. 마음을 진정시키는가 하면 동시에 자극을 주는 공간이다. 두 층 사이의 계단에는 회색 빗금을 사용했다. 우리는 이 색들을 13년간 유지해오고 있으며 여전히 만족한다.

하지만 열여덟 살인 율리아는 바꾸고 싶어 할지 모른다. 다른 10대들이 그러하듯 부모와는 다르게 색을 배치하고 싶은 마음이 있을 것이다.

많은 사람들이 어떻게 집안 정리를 할지 곰곰이 생각하지 않는다. 자기가 하고 싶은 것을 과감히 하는 것이 아니라 이웃이나 친구, 인테리어 잡지를 따라 하려고 한다. 사실 부끄러운 일이다. 인테리어 잡지는 당신이 새로운 물건을 사들여 낡은 물건을 대체하기를 바란다. 유행을 따라다니면 곧 싫증이 나기 마련이다. 자신이 진정으로 원하는 것이 무엇인지 생각해보지 않았기 때문이다. 당신이 옳다고 생각하는 것을 과감하게 실행에 옮겨라.

자연과 비슷한 형태가 주는 편안함

자연, 집, 가구 등에서 발견하는 형태가 사람의 감정에 영향을 줄 수 있을까? 여기서 형태란 우리를 둘러싸고 있는 선(線)도 포함한다. 우리는 수평선, 수직선, 사선, 직선, 평행선, 교차선에서 다르게 영향을 받는다. 특히 수평선을 편안한 것으로 여긴다. 가구, 바닥, 선반, 카펫, 커튼 등에 들어간 선이 방을 더 크거나 작게, 혹은 더 둥글게 보이도록 할 수 있다. 원형이나 타원형은 모난 귀퉁이를 가진 형태보다 훨씬 부드럽고 아늑하게 느껴진다. 자연에 완벽한 직선이나 직각은 없다. 자연에서 흔하게 발견할 수 있는 선과 형태가 우리를 가장 기분 좋게 한다.

솔나에 있는 '심리사회 치료센터'의 건축가 겸 조사연구자인 알란 딜라니는 〈바로메테른〉 신문과 흥미로운 인터뷰를 했다.

잘 구상된 건축 디자인은 일관성이 있고 안전한 느낌을 준다. 그 결과 심리사회적으로 안정감을 뒷받침해주는 기능을 한다. 형태, 색깔, 물질, 공기, 빛 등에서 분명하게 조화를 이루는 공간을 창조하고 사람들이 자연스럽게 모이고 또 흩어져서 혼자 있을 수 있는 공간을 만들어낸다면, 우리는 공동체의 건강을 뒷받침하는 역할을 할 수 있다.

많은 연구 결과가, 매력적인 환경이 혈압을 낮추고 면역체계를 강화하고 마음을 진정시키며 스트레스와 우울증을 낮춘다는 것을 보여준다. 좋은 건축은 또한 창조성을 높이고, 열정을 자극하며, 우리를 행복하게 한다. (……)

우리의 건강 문제를 100으로 볼 때, 의료체계가 10%, 가정이나 직장에서의 오락과 활동 등 생활환경이 50%, 우리가 살아가는 주거환경이 20%, 그리고 나머지 20%가 유전자의 영향이다. 이것은 살그렌스카대학 잉마르 놀링의 연구 결과이다.

건강 문제 중 겨우 20%만이 유전자에 달려 있다는 것은 멋진 일 아닌가? 나머지 80%를 우리가 임의로 조정할 수 있으니 말이다. 요약하면, 우리를 더욱 기분 좋게 하는 것은 다음과 같다.

- 가구, 그림, 조명을 배치하면서 조화와 균형을 잡는 것
- 밝게 잘 배열된 공간과 방
- 나무, 풀, 조개껍질, 돌, 유리, 금속, 천연 옷감, 양가죽 등 자연스러운 무늬와 물질
- 많은 빛. 특히 일광(日光)
- 부드러운 조명. 특히 큰 조명과 대비되는 작은 조명을 여러 군데 설치하거나 촛불을 켜면 분위기가 좋다.
- 물. 실내의 메마른 공기에 수분을 공급하면 차분한 느낌이 든다.
- 가구와 침대를 적절히 배치하는 것. 먼저 방문이 보여야 하고 창문 밑에 침대를 놓아서는 안 된다.
- 당신이 좋아하는 색깔. 현재 유행하는 색깔만 좇아서는 안 된다.
- 가족들에게 의미가 있는 그림, 사진, 장식품을 적절히 배열하는 것

- 살아 있는 식물들. 식물은 방안을 아늑하게 하고 우리가 자연에 있다는 느낌을 준다. 숨 쉬는 것을 편안하게 해주고, 공기 중의 화학물질과 독성물질을 없애준다. 공기를 정화해주는 식물로는 거베라, 담쟁이덩굴, 키 큰 용혈수, 키 작은 용혈수, 하얀 백합 등이 있다.

종이라도 접어봐,
살아갈 힘을 줄 테니

오늘날처럼 예술적 행위와 일상적 행위를 구분하는 시대는
없었다.

북부 스칸디나비아 원주민인 사미 부족에게는 두오디
(Duodji)라는 용어가 있다. 수공예, 생활양식, 자연과 인간에
대한 태도 등을 함께 아우르는 말이다. 예술은 사냥, 요리,
생필품, 옷 등 생활 전반에 스며들어 있었다. 의사소통, 갈등
해결, 의료행위의 한 부분이었다. 그런데 지난 몇 세기 동안
예술은 일상생활에서 분리되어왔다.

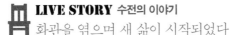

LIVE STORY 수전의 이야기
화관을 엮으며 새 삶이 시작되었다

내가 우울증 때문에 병가를 얻고 제일 먼저 한 일은 푹 자는 것이었다. 몇 년 동안 나는 아주 피곤했고 몸이 여기저기 아팠다. 날카로운 통증이 몸 곳곳에 화살을 맞은 것처럼 찾아왔다. 나는 마츠와 딸 율리아가 아침에 출근하거나 학교에 갈 때도 잠을 잤다. 그들이 저녁에 집에 왔을 때도 여전히 자고 있었다. 그렇게 6개월을 자고 나니 고통이 사라졌다. 이어 인지행동치료를 받으러 갔고 억지로 산책에 나섰다. 나는 숲속에 있는 것들을 언제나 좋아했다. 숲의 냄새, 소리, 정적을 좋아했고 그래서 자연 속에서 한 조각을 집어 집으로 가져오곤 했다.

2002년 봄, 집 천장에 걸어놓을 나무 화관을 만들려고 자작나무 가지를 숲에서 좀 가지고 왔다. 집게와 철사를 집어 들고 나뭇가지로 화관을 엮기 시작했다(이 글을 쓰는 지금도 눈물이 난다. 그때 화관을 만드는 일은 내게 아주 중요한 탈출구였기 때문이다). 나는 지금 무슨 일이 벌어지고 있는지 이해하지 못했다. 모든 것이 제자리를 찾아 들어가 큰 그림이 그려지기까지는 시간이 걸렸다. 내게 무슨 일이 벌어지고 있는지 꼭 집어 말할 수 없었다. 하지만 내 두 손으로 하고 있는 일이 새 생명을 주었다. 이제 나는 창조성을 통한 치유가 심신 회복에 얼마나 중요한지 알고 있다.

나는 철사를 가지고 계속 실험했다. 나중에는 철사 수공예를 하게 되었다. 이어 율리아의 유치원 보모에게 양모를 가지고 수공하는 것도 배웠다. 구닐라에게 정말 감사한다.

나는 예기치 못한 재료들을 서로 엮어놓는 것을 좋아한다. 요즘은 낡은 물건들을 재활용하고 있다. 다양한 재료는 창조성의 원동력이다. 무언가를 창조하는 행위가 심신을 회복하고 다시 살아갈 수 있게 해주었다.

창조성과 문화활동이 우리의 감정에 영향을 미치는 방식에 대하여 최근 많은 연구가 이루어졌다. 무용, 노래, 연극 등이 하나의 처방이 된다. 두뇌 연구자인 폰투스 바슬링은 그의 책《왕복하는 기억》에서 이렇게 썼다.

> 핀란드 외스테르보텐에서 나온 한 연구는 사교생활이 얼마나 중요한지를 보여준다. 그곳은 스웨덴어를 하는 사람과 핀란드어를 하는 사람이 섞여 있는데, 심장병에 의한 사망률이 큰 차이를 보인다. 동일한 유전적 배경, 흡연 습관, 신체활동, 음식 및 알코올 섭취 습관을 지니고 있는데도 차이가 발생했다.
>
> 사망률 차이는 사회적 응집력으로 설명된다. 스웨덴

그룹은 핀란드 그룹보다 사회적 유대관계가 강했고, 그 결과 좀 더 건강하게 장수하는 생활을 누렸다. 스웨덴 그룹의 강력한 사회적 유대관계를 보여주는 한 가지 예는 그들이 합창단에서 자주 노래를 불렀다는 것이다.

로스앤젤레스 구글 본사에서 실시하는 '자유 근무일'에 대한 연구도 있다. 구글 직원은 일주일 중 어느 하루를 선택하여 하고 싶은 것을 마음대로 할 수 있다. 이 '자유 근무일'이 직원들의 창조성과 통제력을 높였고, 그 결과 업무 효율이 높아졌다. 회사의 생산성도 높아졌다.

"진정한 예술은 창조적 예술가의 물리칠 수 없는 충동에서 시작한다."
— 알베르트 아인슈타인

오늘날 우리는 연구 결과를 통하여 문화활동이 몸에 영향을 미친다는 사실을 잘 알고 있다. 에바 보이네르 호르비츠는 《건강을 위한 문화》라는 책에서 그 영향을 서술한다. 16가지 서로 다른 문화적, 오락적 행위를 서술하고, 그 행위가 인체에 미치는 영향과 건강을 증진하는 효과를 언급한다. 뜨개질을 통하여 스트레스를 낮출 수 있다는 것은 얼마나 멋진 일인가? 무용으로 근육 기억을 개선할 수 있고, 글쓰기로 면역체계를 강화할 수도 있다.

창조적 활동이 나를 건강하게 한다

간단히 말해, 뇌의 뉴런(신경 단위)은 시냅스(신경세포의 연접부)로 연결되어 있다. 우리는 시냅스를 활용하여 모든 생각과 느낌을 정리하고 저장한다. 하지만 세포를 살아 있게 하기 위해서는 끊임없이 자극을 주어야 한다. 가장 좋은 것이 바로 문화활동이다. 문화활동을 할 때 뇌가 더욱 유연해지면서 활동하는 시냅스의 숫자가 늘어나고 새로운 기억 세포가 생성된다. 문화활동을 많이 하여 시냅스를 강화하면 기억, 생각, 느낌에 좀 더 쉽게 접근할 수 있다. 그것이 우리의 기분을 더 좋게 한다.

  서로 다른 예술적, 문화적 활동을 하면 우리는 신체 반응을 더 잘 알게 된다. 스트레스가 감소하고, 면역체계가 강화되고, 혈압이 낮아진다. 자기감정에 충실하게 일함으로써 좀 더 침착하게 된다.

우리가 보고 느낄 만한 구체적인 것을 만들어내면 지금 이 순간을 더욱 온전하게 즐길 수 있다. 사물에 연결된 느낌이 들고, 긴장이 풀리며, 에너지가 왕성해진다. 용감해지고 나쁜 버릇을 끊기가 훨씬 쉬워진다.

문화활동이 건강을 증진하려면 어떤 조건이 필요할까? 활동이 자발적으로 이루어져야 한다. 당신에게 열정과 즐거움을 안겨주어야 한다.

창조적 활동이란 새로운 것을 짓고, 낡은 것에서 새로운 것을 만들어내고, 상상력을 발휘하거나 역할놀이를 하는 것을 말한다. 어린아이들이 하는 판타지 게임이나 역할놀이는 창의력 발달에 아주 중요하다. 많은 규칙, 경쟁, 모방 등이 있는 활동이나 순전히 기능적인 활동(자전거 타기, 걷기) 등은 창조성에 도움이 되지 않는다. 보상을 주는 것도 좋은 방법이 아니다.

"모든 아이들이 예술가다.

문제는 아이가 다 큰 다음에도 여전히 예술가로 남아 있을 수 있는가이다."

— 파블로 피카소

아이디어는 어떻게 생겨날까? 폰투스 바슬링은 《왕복하는 기억》에서 기억의 일반 구조를 설명한다. 그는 뇌의 서로 다른 영역을 사용하는 두 유형의 기억을 언급한다. 한 유형은 "나는—그것을—안다"(집중)라는 기억이다. 이것 덕분에 우리는 어떤 일이 수행 가능한지 안다. 다른 유형은 "나는—어떻게 하는지—안다"(확산)라는 기억이다. 이것 덕분에 수행하는 방법을 파악한다.

새로운 아이디어를 창조하기 위해서는 집중 기억과 확산 기억을 종합해야 한다. 하지만 창조적이 되려면 이보다는 더 많은 것이 필요하다.

창의력을 키우려면 사물들이 작동하는 방식을 잘 이해해야 한다. 아주 고전적인 창조성 훈련이 있다. 실험 대상자에게 종이클립, 안전핀, 의자, 기타 평범한 사물을 주면서 그것들을 사용하는 가능한 한 많은 방법을 제시하라고 요구한다. 또 다른 훈련은 하나의 질문에 "아니다"라는 단어를 추가하는 것이다. 세 번째 훈련은 "4 더하기 4는 얼마인가"라고 질문하는 대신에 8을 만들어내는 숫자의 조합을 얼마나 많이 생각해낼 수 있는지 물어보는 것이다.

다음은 집단이나 개인이 일정한 틀에서 벗어나 생각하기 시작하는 훈련의 몇 가지 사례다. 좀 더 창조적인 사람이 되고 싶다면 이렇게 하라.

- 침묵하는 휴식시간을 가져라.
- 사물들을 연결하라. "나는-그것을-안다"와 "나는-어떻게 하는지-안다"를 서로 연결하라.
- 반성하고 요약하는 것을 잊지 마라.
- 실패를 두려워하지 마라.
- 스스로 움직여라. 장소와 방을 바꾸고 여행을 떠나보라.
- 한곳에 고착되면 멈추고 다른 것을 하라.
- 정반대의 것을 생각하라.
- 전에 해보지 않은 것을 해보라.

창조성은 예술의 영역에만 필요한 것이 아니다. 우리는 날마다 창조적으로 살아가야 한다. 결정을 내릴 때, 문제를 해결할 때, 남들과 소통할 때 창조성을 발휘해야 한다. 창조적이 되면 주위 사물들을 한결 손쉽게 통제할 수 있다. 전보다 더 안락하고 안전한 느낌이 든다. 창조적인 사람들의 뚜렷한 특징은 남들보다 더 개방적이고 더 많은 이해심이 있다는 것이다. 이것이야말로 우리에게 절실히 필요한 것이 아닐까?

"창조성은
지성에 재미를 더한 것이다."

— 알베르트 아인슈타인

나는 늘 이랬다고?
아니 틀렸어

내면이 불안정하면 습관, 정확한 태도와 절차 등이 매우 중요하다. 머리가 혼란스러우면 우리는 안정된 주위환경으로 그것을 보상하려 한다. 언제나 직관적으로 균형을 추구하기 때문이다.

당신의 행동은 모두 주위 사람들에게 배운 것이거나, 반복해서 학습하고 습관에 의해 만들어진 것이다. 습관에는 좋은 습관과 나쁜 습관이 있다. 좋은 습관은 당신을 강하게 하고, 나쁜 습관은 우울하게 한다. 익숙한 것은 우리를 편안하고 안전하게 한다. 심지어 부정적인 것도 이미 익숙해져 있기 때문에 안전한 느낌을 준다. 우리는 쉽게 습관과 틀 속에 갇혀버리고, 그것을 지키기 위해 처절하게 싸운다.

당신이 우울할 때 필요한 것은 무엇보다도 변화다. 낡은 나쁜 습관을 깨트리고 그것을 새롭고 건전한 습관으로 대체하기 위해서는 변화가 필요하다. 하지만 우리 뇌는 변화를 싫어한다. 새로운 습관을 정착시키는 데 3~4주가 걸린다.

어떤 습관을 끊으려고 시도해본 사람은 그것이 얼마나 어려운 일인지 안다. 엄청난 힘과 용기가 필요하다. 가족, 친구, 치료사의 도움이 필요할 때도 있다. 일정한 패턴을 깨트려야 하고, 지금과 다른 방식으로 해야 한다는 것을 늘 기억하기란 간단한 일이 아니다. 손바닥에 메모하거나, 메모를 써서 방에 붙여놓거나, 주위 사람들에게 늘 상기시켜달라고 부탁하라.

당신이 나쁜 습관을 가지고 있는 주된 이유는 그 습관이 어떤 보상을 해주기 때문이다. 설사 당신에게 좋은 보상이 아닐지라도 말이다.

"새로운 존재 방식을 터득하려면

그에 앞서 새로운 사고방식을 배워야 한다."

— 메리앤 윌리엄슨

당신은 어쩌면 보상 효과 때문에 스트레스, 걱정, 불안에 갇혀 있을지도 모른다. 많은 사람들이 지금보다 더 좋아지는 것을 거부하며 버틴다. 버티기의 긍정적 효과에 익숙해져 있기 때문이다. 속으로는 긍정적 효과를 믿지 않지만 실제로는 효과가 나타나기 때문에 버티는 것이다.

🪑 LIVE STORY 한 트럭 운전사의 이야기
일하기 싫어서 계속 불안하고 싶은 남자

불안증 극복을 주제로 한 강연을 마치자 한 트럭 운전사가 내게 다가왔다. 그는 강연이 전혀 도움이 되지 않았다고 말했다. 나는 그에게 트럭을 모는 일은 어떠냐고 물었다. 그는 대답했다. "나는 그 일을 싫어합니다!" 그러면 생활비는 무엇으로 버느냐고 물었다. 그러자 이런 대답이 돌아왔다. "병가를 받았습니다." 그의 불안증이 좋아지지 않은 것은 그리 놀라운 일이 아니다. 그는 불안증 때문에 혜택을 받고 있었고 그것을 포기하기 싫었다. 싫어하는 일을 하지 않아도 되기 때문이었다.

이것은 루신다 바셋이 들려준 흥미로운 이야기다. 새로운 습관을 들이려면 구체적인 보상이 뒤따라야 한다. 나쁜 습관을 끊어버리고 좋은 습관으로 대체하려면, 뇌 속에 들어 있는 기존의 보상체계를 새로운 습관에 따른 보상체계로 바꿔야 한다.

편안히 앉아서 당신이 나쁜 습관을 유지하는 데 따르는 보상을 적어보라. 먼저 자신에게 솔직해져야 한다. 어쩌면 당신은 몸이 좋지 않을 때 다른 사람의 관심을 더 많이 받게 된다는 사실을 발견했을 것이다. 주위 사람들이 당신을 보살펴주기 때문에 의무나 책임을 면제받았을 수도 있다. 가족들이 당신을 안쓰러워하기 때문에 집안일을 하지 않아도 되었을 것이다. 당신의 병은 이직 같은 중요한 일을 하지 않거나, 나쁜 관계에서 벗어나지 않는 데 대한 충분한 변명이 된다.

남을 비난하기는 쉽다. 문제 있는 가정에서 성장했다면 더욱 그렇게 되기 쉽다. 과거를 있는 그대로 받아들이려고 노력하라. 이미 벌어진 일에 대하여 당신 자신과 남들을 용서하고 자기 생활을 계속해나가라. 내 인생을 온전히 책임져야 한다는 사실이 두려울 수도 있지만, 자기 인생을 단단히 장악하면 공포가 즐거움으로 바뀐다. 적극적으로 변화하기로 했다면 크게 성장할 것이다.

변화와 회복이 주는 혜택은, 부정적 행동을 변명거리로 삼아 얻는 제한적인 보상보다 훨씬 좋은 것이다. 당신은 스스로 책임져야 한다. 남들을 비난하는 것을 멈춰야 한다. 스트레스, 걱정, 부정적 행동을 떨쳐내고 변화를 도모해야 한다면, 그 결정을 내리는 사람은 바로 당신 자신이라는 사실을 깨달아라.

> "몸소 모험에 나서 자기 인생을 실험하는 데 직접 뛰어들 때
>
> 비로소 변화하고 성장한다."
>
> ― 허버트 오토

많은 사람들이 이렇게 변명하곤 한다.

"나는 변할 수 없어."

"나는 그저 나일 뿐이야."

"너는 나를 알잖아."

"그게 내 스타일이야."

"그건 늘 이랬어."

이런 변명은 변하고 싶은 마음이 없음을 드러내고 동시에 변화를 두려워함을 보여준다. 인간으로서 성장하고 발전하는 과정을 거부하는 것이다.

인생을 작은 선물이 많이 들어 있는 커다란 선물상자라고 상상해보라. 당신은 아직 선물상자를 다 풀지 않았다. 변

화를 거부하므로 호기심이 생겨나지 않는다. 안에 무엇이
더 들어 있는지 알아보려 하지 않는다. 하지만 일단 몇 개
만 풀어보면 선물이 무제한이라는 것을 발견할 것이다. 선
물상자를 열어보지 않는다는 것은 행복한 삶을 거부하는
것과 같다.

해야 할 일을 내일까지 미루지 마라. '더 건강해지면 할
거야', '다른 사람이 대신해주겠지' 하는 구차한 변명을 하지
마라. 인생은 너무나 짧아서 무슨 일이든 내일로 미루면 안
된다. 지금 이 순간을 더욱 충실히 살도록 노력하라.

"웃는 것은 바보처럼 보이는 모험을 감수하는 것이다."
그러니 어쨌다는 건가? 바보들은 많은 재미를 느낀다.

"우는 것은 감상적이라는 비난을 감수하는 것이다."
물론 나는 감상적이다. 나는 눈물을 좋아한다. 눈물은
도움을 준다.

"남들에게 손을 내미는 것은 개입을 감수하는 것이다."
누가 개입을 기꺼이 감수하는가? 나 또한 개입하고
싶다.

"감정을 노출하는 것은 당신의 진정한 자아를 보여주려는 것이다."

그러나 이것 말고 내가 보여주려는 것이 무엇인가?

"당신의 꿈을 남들 앞에 드러내는 것은 순진하다는 비난을 감수하는 것이다."

나는 이보다 더 심한 비난을 들은 적도 있다.

"사랑하는 것은 그 사랑을 보답받지 못하는 것도 감수하는 것이다."

사랑은 보답을 얻기 위해 하는 게 아니다.

"산다는 것은 죽음을 감수하는 것이다."

나는 죽음에 준비되어 있다. 버스카글리아가 갑자기 저 하늘로 가버렸다거나 땅에 쓰러져 죽었다는 얘기를 듣는다 해도 눈물을 흘리지 말기 바란다. 그는 즐거운 마음으로 그렇게 했다.

"희망한다는 것은 절망을 감수하는 것이다. 시도한다는 것은 실패를 감수하는 것이다."

그러나 모험은 감수해야 한다. 인생의 가장 큰 위험은 아무것도 감수하려 들지 않는 것이다. 아무것도 하지 않고, 아무것도 가진 게 없고, 아무것도 아닌 사람은 결국 아무것도 아닌 게 된다. 고통과 슬픔은 피할 수 있겠지만 배우고, 느끼고, 변화하고, 성장하고, 사랑하고, 살아가는 것을 배우지 못한다. 확신이라는 쇠사슬에 매여 있는 노예일 뿐이다. 스스로 자신의 자유를 몰수했다. 모험을 감수하는 사람만이 진정으로 자유로운 사람이다. 모험을 저질러라. 그리고 무슨 일이 벌어지는지 살펴보라.

– 레오 버스카글리아의 《살며 사랑하며 배우며》 중에서

진정한 용기는 인생에서 모험을 거는 것이다. 이것이 바로 인생의 진짜 의미다.

에너지 도둑을 찾아라

나를 변화시키고 생활방식을 바꾸기 시작하면 주위 사람들이 어떻게 반응할지 궁금한가? 어떤 사람들은 긍정적으로

반응하면서 당신을 격려하고 응원할 것이다. 존경의 눈빛으로 바라볼지도 모른다. 부정적으로 반응하는 사람들은 아마도 당신의 변화를 이해하기 어려운 사람들일 것이다. 그들은 자신이 변화하지 못하니까 질투하고 불만을 가진다. 당신은 그들 없이도 얼마든지 인생을 꾸려나갈 수 있다. 그들은 당신의 에너지만 고갈시킬 것이다. 변하기 전의 당신이 더 좋았다고 속삭일 것이다. 당신이 이기적인 사람이 되었다고 느끼기 때문이다. 갑자기 "안 돼"라고 말하고 일정한 한계를 분명히 정해놓으니까. 당신이 행복해지기를 바라는 사람들과 함께하라.

당신의 변화가 누구에게 가장 큰 혜택을 주는지 스스로 물어볼 필요가 있다. 변화는 당신의 내면, 당신의 사고방식, 당신의 반응, 다른 사람들과의 관계에서 먼저 시작되어야 한다. 환경이 제멋대로 당신에게 영향을 미치는 것을 그냥 내버려 두지 마라.

당신이 원하는 것이 무엇인지를 알고, 당신의 행동을 스스로 옹호하고 나서는 것이 중요하다. 그래야 목표에 도달할 수 있다. 그 목표는 당신의 것이지 그 누구의 것도 아니기 때문이다. 날마다 새로운 날이다. 어떤 순간들로 채워갈지 스스로 결정해야 한다.

노력 없이는 아무런 변화도 오지 않는다. 변화하는 데 필요한 힘은 내 인생은 내가 창조한다는 것을 깨닫는 것이다. 그렇지 않으면 다른 사람이 당신을 대신해 그 일을 하게 될 것이다.

🪑 LIVE STORY 마츠의 이야기
이제 변명을 멈춰야지

스트레스, 걱정, 불안으로부터 무엇을 얻었는지 가끔 나에게 물어본다. 지금 나는 그것들의 정체를 분명히 안다. 예전에 나는 집안일을 별로 책임질 필요가 없었다. 청소, 세탁, 취사 등을 면제받았다. 수전이 출산휴가를 받아서 집에 있었기 때문이다. 수전은 직장에서 스트레스를 많이 받아 지친 내 모습을 보고는 집안일을 해달라고 요청하지 않았다.

나에게는 운동을 할 수 없는 이런저런 이유가 늘 있었다. 하지만 내 몸을 우선순위로 두지 않은 것은 게으름 때문이었다. 체육관에 가야 할 때마다 불편했다. 거기 나온 사람들은 모두 나보다 몸매가 좋았다. 일단 억지로 가기 시작하자 피곤하고 바쁘기는 했지만 운동이 스트레스와 불안에 엄청난 효과를 발휘한다는 것을 알았다. 이제 운동은 습관이 되었다. 무슨 일이 있어도 운동만큼은 꼭 챙긴다.

결혼하기 전, 나는 공격적인 태도로 살았다. 그러면 내 뜻을 관철할 수 있었다. 보상을 받은 것이다. 그렇다고 내가 게을렀다는 뜻은 아니다. 나는 언제나 열심히 일했고, 모든 것을 직접 했으며, 결정 내리기를 좋아했다. 나는 칭찬을 얻기 위해 열심히 일했다. 남들이 내 말을 들어주기를 바랐다. 의견을 끊임없이 제시하여 무식하거나 따분하거나 우울한 사람으로 보이지 않기를 바랐다. 남들이 나를 좋아하지 않을까 두려웠다. 사실 나는 자존감이 매우 낮은 사람이었다. 지금 나는 그런 행동을 조금씩 바꾸려 노력하고 있다. 거창한 성취가 아니라 다른 이유로도 남들의 호감을 얻을 수 있다는 것을 깨달았다.

우리는 부부로서 또 가족으로서 회복을 위한 변화를 많이 시도했고 그리하여 더 만족스러운 삶을 살고 있다. 가장 중요한 변화는 너무 많이 일하는 것을 그만두었다는 것이다. 생활비를 적게 써야 했기 때문에 큰 집을 팔고 작고 값싼 콘도를 샀다. 차 한 대는 팔았고 비용을 절감할 수 있는 다른 항목도 살펴보았다.

우리는 삶의 질을 높이고자 많은 변화를 실천했다. 식습관을 바꾸었고, 많은 이야기를 나누었고, 저녁마다 주방에 앉아 평화롭고 안온한 저녁 식사를 함께했다. 낮 동안에 일어난 일을 주고

받는 시간이었다. 서로 아무 말도 없이 지나치는 법이 없었다. 지금도 저녁 식사 시간에는 핸드폰을 꺼놓는다.

마음을 활짝 열어라. 변화로 가는 흥미진진한 여행길에 올라 새롭고 긍정적인 습관을 만들어라. 인생이라는 커다란 선물상자 속에 들어 있는, 무수하게 작은 선물 꾸러미를 모두 풀어보라. 그 선물들은 당신이 풀어보기만을 기다리고 있다.

　　　　　　　　昍

"우리가 모두 같은 방향으로만 간다면
우리는 결코 만나지 못할 것이다."

당신은 혼자가 아니다

당신의 현재 상태를 깊이 생각해보는 계기를 만들어라. 우선 당신 인생에서 좋은 점을 생각하면서 그것을 적어보라. 감사하는 마음은 영혼에 아주 좋은 양식이다. 그런 다음 별로 좋지 않은 점도 적어라. 그러면 왜 당신이 상황을 바꾸고 싶어 하는지 이유를 알게 될 것이다. 변화의 동기를 발견하는 것은 중요하다.

　지금까지 설명한 요령, 조언, 기술, 방법 등에서 도움을 받으면 행복한 삶으로 나아가는 사람으로 자신을 변화시킬 수 있다. 얼마나 변화할 수 있는지는 당신이 선택하는 사고방식에 달려 있다. 어떤 사고방식을 선택할 것인가? 세상을 부정적으로 볼 것인가, 아니면 즐거운 마음으로 볼 것인가? 이것은 당신만의 선택이다. 어떤 누구도 대신 선택해줄 수 없다. 스트레스와 근심 걱정은 대체로 사고방식에서 비롯된다. 어린 시절에는 어떻게 사고하는 것이 중요한지 배운 바가 없다 할지라도, 지금 이 순간부터 배워나갈 수 있다.

"인생의 작은 것들을 즐겨라.

어느 날 과거를 돌아보면서

그것들이 결코 작은 것이 아니었음을 발견할 것이다."

만약 더 필요한 조언이 있다면 즉각 의사를 찾아가라. 당신의 증상을 솔직하게 털어놓아라. 일단 첫걸음을 떼면 안도감을 생기고 이어 생활이 변하기 시작한다. 우리는 누구나 충분히 해낼 수 있다는 것을 안다. 당신은 결코 혼자가 아니다. 우리에게는 많은 에너지와 힘이 있다. 그것을 발견하는 데 도움이 필요할 뿐이다. 당신은 행복하게 살아갈 자격이 있다. 당신은 변할 수 있다. 세상에는 언제나 감사한 것들이 있게 마련이다.

이제 우리는 있는 그대로의 나를
좋아하게 되었다

이제 우리 두 사람은 적극적이고 현실적인 사고방식이 중요하다는 것을 안다. 날마다 서로에게 이 사실을 상기시키기에 결코 잊어버리지 않는다. 몸에도 더 신경을 쓰고 있다. 몸을 잘 돌보지 못할 때 어떤 반응을 보이는지에 주목한다. 몸에 나타나는 증상을 심각하게 받아들이면서 건강해지려고 최대한 노력한다.

이제 우리는 남들에게 "안 돼"라고 말할 수 있다. 현실적인 기대치를 갖고 있으며, 옳다고 믿는 것을 철저하게 옹호한다. 있는 그대로의 나를 좋아하는 것을 좀 더 잘하게 되었다. 해야 할 일에도 우선순위를 정한다. 그래야 온 가족에게 도움이 된다는 것을 아는 까닭이다. 전보다 서로를 더 존중하고 상대방의 의견을 잘 들어준다.

우리는 항상 인생에서 중요한 점을 확인한다. 서로를 부부로 맞아들이고, 딸 율리아와 부모 형제를 소중하게 여긴다. 건강하다는 것이 얼마나 고마운 일인지 날마다 서로에게 일깨운다. 서로를 격려하고, 칭찬하고, 더 잘 보살피려 최선을 다한다. 매일 지금 이 순간을 충실히 살아야 한다고 믿는다.

현재 우리는 스웨덴 칼마르 근처에서 '내적 건강 교육'이라는 회사를 운영하며 개인이나 부부를 상대로 상담을 하고 있다.

"의식적 현존을 당신 생활의 자연스러운 한 부분으로 만들어라.

그것이 당신이라는 존재를 총체적으로 바꾸어놓을 것이다."

― 마츠 & 수전 빌마르크

우리 아이의
자존감을 키우는 법

아이에게 외적인 어떤 것을 해주려고 분주히 움직이기보다는, 아이와 함께 있으려고 애쓰는 편이 훨씬 더 좋다. 중요한 것은 아이가 가진 어떤 것이 아니라 아이라는 존재 그 자체이다.

아이가 스스로를 훌륭한 사람이라고 느끼려면 전혀 기대하지 않은 곳에서 "멋지다", "특별하다"는 얘기를 많이 들어야 한다. 지금 있는 모습 그대로 충분히 훌륭하다고 끊임없이 말해주어야 한다. 이런 칭찬은 아이가 이룬 성취와는 무관하게 계속해야 한다. 자라면서 칭찬, 격려, 인정을 많이 받으면 자존감이 높아진다.

- 사랑해
- 네가 자랑스러워!
- 듣고 있어
- 이건 네가 충분히 책임질 수 있는 일이야

- 너는 그걸 해낼 자격이 있어
- 용서할게
- 미안해

우리는 아이가 행복하기를 바란다. 아이에게 행복을 가르쳐주는 가장 좋은 방법은 부모가 역할모델이 되는 것이다. 부모 자신이 아이가 되었으면 하는 바로 그런 사람이 되어야 한다.

많은 아이들이 성장을 거부하고 있다. 어른들이 자기 인생을 그렇게 비참하게 만들고 있는데 아이들이 성장을 원할리가 없다. 어른은 피곤하고, 언제나 바쁘고, 책임질 일이 너무 많다. 어른이 된다는 것은 멋진 일이며, 스스로 결정하는 자유는 더욱 멋진 일이라고 말해본 적이 언제인가? 아이들에게 어른이라는 존재를 통해 보내는 메시지를 다시 곰곰이 생각해봐야 할 때다.

먼저, 당신이 아이를 믿고 있다는 것을 알려주어라. 진실하게 대하고, 당신의 느낌과 의견을 솔직하게 말하는 것이 중요하다. 당신을 즐겁게 하는 것, 우울하게 하는 것을 말해주어라. 아이들은 어른이 보는 것 이상으로 이해력이 높으며, 주변 상황도 확실하게 잘 안다. 때때로 어른들이 보지 못하는 멋진 관점으로 해결안을 내놓기도 한다. 아이들에게 너무 많은 책임을 지워서는 안 되지만, 좋은 아이디어가 있으면 제안하도록 유도해야 한다.

우리는 아이들을 인생으로부터 대피시킬 수 없다. 인생은 멋지고, 즐겁고, 놀라운 마법 같은 것이다. 동시에 고통스럽고, 비참하고, 실망스럽고, 눈물 나는 것이다. 이 둘 사이에서 균형을 잡아야 한다. 진정한 행복을 느끼려면 슬픔이 무엇인지 알아야 한다.

"부서진 어른을 수리하기보다 튼튼한 아이를 키우기가 더 쉽다."

— 프레더릭 더글러스

부모의 불안이 아이에게도 전해진다

부모는 아이들에게 스트레스를 안겨주는 사람이고, 동시에 그 스트레스를 이겨내도록 도와줄 유일한 사람이다. 스트레스 연구자인 페테르 베르보리 교수는 스트레스가 아이들에게 미치는 영향에 대해 경고했다. 11년 전 그는 스웨덴 신문 〈아프톤블라데트〉에서 이렇게 썼다.

앞으로 10년 안에 이 세대는 온갖 질병을 목격하게 될 것이다. 아테롬성(性) 동맥경화증, 제2형 당뇨병, 비만 등이 많은 청소년들에게 발생할 것이다.

불행하게도 그의 예언은 적중했다. 그가 이런 예측을 했을 당시의 기술 수준은 지금에 비해 절반 정도밖에 되지 않는다. 앞으로 또 다른 10년 사이에 우리는 어떻게 될까?

당신은 아이의 성장을 가능한 한 격려하고 싶어 한다. 아이에게 댄스, 스포츠, 피아노 레슨, 도자기 강좌 등 많은 과외를 시킨다. 하지만 많은 부모가 아침에 아이들에게 "잘 갔다 와" 하고 인사한 다음 무슨 일이 벌어지는지 알지 못한다. 아이들은 선생님과 친구들의 명시적, 암시적 기대치와 요구사항에 부응해야 한다. 아이들은 날마다 스트레스를 안겨주는 것들을 만난다.

아이를 스트레스로부터 완벽하게 보호해주지는 못할지라도, 스트레스에 대해 이야기하고 그것에 대응하는 방법을 가르쳐줄 수 있다. 아이들은 우선 자기 스트레스의 정체를 알고 싶어 한다. 어른보다 스트레스에 취약한데, 뇌가 계속 성장하고 있기 때문이다. 스트레스로 인한 각종 신체적, 심리적 질병에 그대로 노출된다.

"많은 부모들이 자녀를 위해 뭐든지 다 해줄 준비가 되어 있다.

단, 아이를 있는 그대로 내버려 두는 것만 빼고."

— 뱅크시

아이들은 자기 고유의 방식으로 어려운 상황에 대응한다. 다음은 아이들에게 스트레스를 안겨주는 상황이다. 이런 상황이 세 가지 이상 겹치면 스트레스의 강도가 더욱 높아진다.

☐ 신체적, 심리적으로 충분히 받아들일 준비가 되어 있지 않은 것을 배우라고 요구하는 것

☐ 사랑하는 사람의 죽음

☐ 부모가 헤어지거나 재혼하는 것

☐ 일을 많이 하거나 여행을 자주 다니는 부모

☐ 실업자 부모

☐ 아이의 말을 잘 들어주지 않는 것

☐ 형제가 이사 나가는 것

☐ 가족 구성원 간의 싸움

☐ 어른과 단둘이 있어 본 경험이 전혀 없는 것

☐ 혼자 있을 시간이나 공간이 없는 것

☐ 학교에서 괴롭힘을 당하거나 선생님과 갈등이 생기는 것

☐ (큰 유치원이나 학교에서) 너무 많은 대인관계

☐ 다른 곳으로 이사 가는 것

☐ 가족 전체에 영향을 미치는 결정에 아무런 발언권도 없는 것

☐ 부모와 떨어져 있는 것

☐ 너무 많은 활동(과도 자극) 혹은 너무 적은 활동(과소 자극)

☐ 반려동물을 얻거나 잃어버리는 것

☐ 사춘기

☐ 시끄러운 주변 환경

☐ TV를 너무 많이 보거나 핸드폰과 컴퓨터를 너무 많이 사용하는 것

　　이런 스트레스 요인들 한두 가지는 신체적으로나 심리적으로 별 피해를 주지 않는다. 그러나 오늘날 아이들은 스트레스 요인들에 동시다발적으로 노출된다. 그러므로 아이들에게 무슨 일이 벌어지고 있는지, 무엇을 느끼는지 특별히 신경 써야 한다.

　　이 사회는 무언가를 하고 있지 않으면 게으르고 비생산적이라고 말한다. 이는 휴가와 휴식을 대하는 우리의 태도에도 영향을 미친다. 유치원에 다니는 아이가 유치원에서 하는 공식 일과 이외에 두 가지 이상의 과외활동을 하는 것은 그리 드문 일도 아니다. 많은 아이들이 낮 동안에 경험한 일

을 정리할 시간이 없다. 평화롭고 고요한 시간이 필요하다. 우리는 평화와 고요가 활동 못지않게 중요하다는 것을 언제 가르칠 수 있을까?

호기심이 자극되는 것은 휴식과 명상을 통해서다. 이 시간에 아이들은 스스로 생각하는 법을 배우고 독립적인 개인이 된다. 하지만 불행하게도 오늘날 아이들은 미리 편성된 이런저런 활동으로 바쁘다. 우연히 여유 시간이 생기면 그 시간을 어떻게 활용해야 할지 모른다. 평화와 고요가 아이들을 불안하게 하고 심지어 두려움을 느끼게 한다.

많은 부모가 심심해서 징징거리거나 떼쓰는 아이를 참아주지 못한다. 자신이 평온을 얻기 위해 아이에게 영화를 틀어주거나 컴퓨터 게임 앞에 앉힌다. 만약 아이들에게 조용히 명상할 시간을 준다면, 아이들은 곧 자신의 활동을 만들어낼 것이다. 이 과정은 성장을 가져온다. 아이들에게 생각할 시간을 주어야 한다.

LIVE STORY 마츠와 수전의 이야기
하고 싶은 대로 내버려 두기

우리가 현재 임시 양육제도로 맡아서 키우는 아이 엘사는 2주에 한 번씩 주말이면 우리 집에 와서 보낸다. 엘사는 금요일 저녁,

아주 활기차게 우리 집 문 앞에 나타난다. 현관문을 열고 들어오는 순간 새로운 일이 벌어지기를 바란다. 금요일 저녁은 우리 가족이 한 주 동안의 긴장을 풀면서 느긋하게 저녁 식사를 함께하는 평온하고 조용한 시간이다. 우리는 엘사가 하고 싶은 대로하게 내버려 둔다. 그러면 엘사는 주방 일을 돕거나 자기 방으로 가서 뭔가 새로운 일을 꾸민다.

부모가 스트레스를 받는 상황이라면 아이들 역시 스트레스를받는다. 하지만 부모 자신은 그 사실을 잘 알지 못한다.

다음은 아이들에게 발견되는 스트레스 징후들이다. 만약아이에게서 이런 징후를 동시에 여러 가지 발견했거나 단기간에 걸쳐 목격했다면, 아이는 지금 심한 스트레스로 고통받고 있다.

- 전보다 말이 없거나, 화를 잘 내거나, 공격적이다(갑작스러운 감정 변화)
- 수면장애와 악몽
- 좌불안석하면서 집중하지 못한다
- 화장실을 자주 다녀온다
- 늘 혼자 있고 싶어 하거나, 정반대로 혼자 있는 것을

아주 싫어한다

- 컴퓨터, TV, 핸드폰을 사용하는 시간이 너무 많다
- 두통과 복통
- 시간 감각이 없다(멍한 상태)
- 학교를 빼먹는다
- 약물 사용
- 완벽주의
- 이빨을 간다, 말을 더듬는다
- 자기 자신, 친구, 동물 등을 신체적으로 학대한다
- 남들을 비난하거나 욕하고 괴롭힌다
- 물건을 집어 던진다
- 식욕 상실
- 달아나고 싶은 난감한 순간이면 손가락을 귓구멍 속에 집어넣고 찌른다
- 상처가 남을 정도로 뺨, 입술, 손가락 등을 깨문다

아이들도 스트레스로 인한 신체적 반응을 보인다. 이것을 심인성 징후라고 한다.

- 위통, 구토, 설사, 변비

- 발진
- 두통 혹은 목, 허리, 어깨 등의 통증
- 천식
- 피부 부스럼 혹은 잇몸의 상처
- 틱 장애

많은 부모가 다양한 이유로 힘들어한다. 그러면 아이도 뭔가 잘못되었다는 것을 알아채고 그것이 자기 때문이라고 자책한다. 만약 당신이 어떤 이유로 힘들다면 그것을 아이에게 말해주는 것이 좋다. 아이가 자기 때문에 그렇게 되었다고 느끼게 내버려 두어서는 안 된다. 아이들은 놀라울 정도로 현명하다. 무엇이 잘못되었는지 똑바로 알지 못하면 아이들에게 큰 부담이 될 수 있다.

비판받는 아이는 남을 판단하는 법을 배운다.
구타당한 아이는 싸우는 법을 배운다.
조롱받는 아이는 수줍음을 배운다.
냉소에 노출된 아이는 죄책감을 느낀다.
그러나
격려를 받은 아이는 자신감을 배운다.

관용을 받은 아이는 인내심을 배운다.

칭찬받은 아이는 남을 칭찬하는 것을 배운다.

공정함을 겪은 아이는 정의를 배운다.

우정을 느끼는 아이는 친절함을 배운다.

안전함을 느끼는 아이는 신뢰를 배운다.

애정을 듬뿍 받고 자주 포옹하는 아이는 이 세상의 사

랑을 느낀다.

- 안나스티나 브레탐마르의《경계 없는 인생》중에서

아이의 스트레스를 예방하는 방법

지금 이 순간 당신은 어떻게 하면 아이를 스트레스로부터
가장 잘 보호할 수 있을까 생각할 것이다. 스트레스는 전염
되는 경향이 있다. 그러므로 당신이 가장 먼저 해야 할 것은
가능한 한 좋은 느낌을 유지하는 것이다. 당신이 평화를 느
껴야 아이의 현재 상태를 잘 살펴볼 수 있고, 아이의 필요에
더욱 민감하게 반응하면서 곧장 대응할 수 있다. 아이는 당
신이 말하는 대로가 아니라, 행동하는 대로 따른다. 당신이
스트레스를 느낀다면 아이 역시 그렇게 반응한다.

함께 많은 시간을 보내라

아이가 여러 명이라면 아이들 각자와 시간을 따로 보내야
한다. 특별히 하는 일이 없더라도 그냥 함께 있는 것만으로
도 좋다. 아무 말도 하지 않고 시간을 지내보라.

스킨십이 중요하다

아이는 몸을 만져주면 긴장이 이완되고 포근함을 느낀다.
우리 몸은 만져주거나 마사지해주면 휴식과 소화 호르몬인
옥시토신을 분비한다. 옥시토신은 맥박과 혈압을 낮추는데,
이것은 다시 소화가 잘되게 하고 통증 허용치를 높이며 면
역체계를 강화한다.

하지만 아이가 만지는 것을 싫어한다면 그 뜻을 존중하는
것도 중요하다. 아이가 거부하면 처음에는 서운하기도 하겠
지만, 어떤 한계를 설정하고 자기 뜻을 또렷하게 말하는 아
이의 능력을 자랑스럽게 여길 것이다.

당신의 생각과 느낌을 말해주어라

즐거운 것, 실망스러운 것, 화나는 것, 사랑스러운 것 등 온
갖 종류의 느낌을 아이에게 말해주어라. 당신과 아이 사이
의 유대감이 강화된다. 당신이 아이에게 솔직하게 털어놓는

다면, 아이도 똑같은 태도로 당신을 대할 것이다. 아이의 모든 감정을 받아들이고 인정하라. 슬프고, 화나고, 실망스러운 느낌도 겪게 하라. 아이의 감정이 당신을 불편하게 한다고 해서 적당히 봉합하고 넘어가려 하지 마라.

아이의 말을 들어주어라

아이들은 어른에게 말하는 것을 어려워하지만, 잘 들어주는 사람에게는 말을 걸고 싶어 한다.

연령에 적합한 활동을 찾아라

아이의 발전 상태를 눈여겨보면서 참여할 활동을 결정하라. 아이들의 성장을 다룬 책들을 참고하면 좋다. 물론 아이에게 적합한 활동을 찾아내기가 언제나 쉽지만은 않다. 저절로 아이 전문가가 되는 것도 아니다. 끊임없이 아이를 이해하려고 노력해야 한다. 소아청소년과 의사와 상담해볼 수도 있다. 그리고 아이가 원하는 것이 반드시 아이에게 필요한 것은 아닐 수도 있음을 명심하라.

때때로 따분함을 느끼도록 내버려 두라

특별히 할 일이 없거나 뭘 해야 할지 몰라서 징징거릴 때 그냥 못 들은 척 넘겨보라. 아무것도 하지 않고 자유시간을 보내는 것도 괜찮다. 이 '할 일 없음'에서 창의력과 상상력이 흘러나온다. 내버려 두면 아이들은 곧 자기만의 게임이나 활동을 생각해낸다.

주의를 기울여라

하루에 일정한 시간을 내서 아이의 행동을 관찰하라. 생활 리듬을 살펴보고 서로 다른 상황에 어떻게 반응하는지 보라. 그러면 특별한 상황이 발생했을 때 금방 알아차릴 수 있다.

일정한 절차를 만들어라

아이들은 익숙한 것을 좋아하고 편안하게 여긴다. 반복은 아이들에게 안전한 느낌을 준다. 우리가 반복되는 활동이나 절차에 따분함을 느낀다고 해서 아이들도 그렇다고 생각하면 안 된다.

아이들은 가족의 유대감을 강화하는 절차를 좋아한다. 사춘기가 되면 그런 절차에서 벗어나려 할지 모르지만, 나중에 성장하면 좋은 추억으로 기억한다.

한계를 설정하도록 도와주라

아이들은 스스로 한계를 정하기 어려워한다. TV, 핸드폰, 컴퓨터의 사용시간, 취침시간, 장난감의 개수 등이 그런 문제다. 처음에는 부모가 정한 규칙에 항의할 수 있지만, 아이에게는 그런 한계가 있어야 한다. 핀란드 헬싱키의 국민건강연구센터 연구원인 테이야 누티넨에 의하면, 취학 연령의 아동은 하루 2시간 이상 TV나 핸드폰 화면을 보아서는 안 된다.

▥ LIVE STORY 마츠와 수전의 이야기
아이에게 안 된다고 말해야 하는 순간

딸 율리아가 여섯 살쯤 되었을 때, 동네에 몇몇 가까운 친구들이 있었다. 우리가 그냥 내버려 두었다면 아마 하루 종일 친구들과 놀았을 것이다. 율리아에게 "안 돼"라고 말하는 것이 필요했다. 그래서 딸과 친구들에게 율리아가 우리와도 함께 시간을 보내야 한다고 말했다. 이후 딸은 우리와 함께 시간을 보내는 것을 좋아하게 되었다. 특별한 일을 한 것은 아니다. 대화를 나누거나, 음악을 듣거나, 게임을 함께한 정도였다. 율리아는 나중에 사실은 친구들과 노는 것을 원하지 않았다고 너스레를 떨었다.

한 번에 한 걸음씩

당신에게 불안증이 있다면 아이에게도 불안증의 징후가 나타나지 않는지 관찰해야 한다. 불안은 유전될 수 있기 때문이다. 다음은 아이들에게 발견되는 불안증세다. 아이들은 다음과 같은 상황에서 공포를 느낀다.

- 혼자 내버려 둠
- 심각한 질병
- 비난
- 실수하여 당황하는 것
- 부적응
- 세균

불안은 다음과 같은 증상으로 나타날 수 있다.

- 정신을 집중하지 못함
- 과잉행동
- 과도한 긴장
- 자신감 결핍

불안증이 아닌 아이들도 이런 행동을 할 수 있다. 하지만 여러 가지를 동시에 하거나 과도하다면 심각한 불안의 징후라 할 수 있다. 아이가 불안증세로 고통받는 것이 의심된다면 반드시 의사를 찾아야 한다.

LIVE STORY 한 친구의 이야기
분리불안 장애

심한 긴장성 행동장애와 분리불안 장애로 고생하는 여덟 살짜리 딸을 키우는 친구가 있다. 이 아이는 하루 24시간 부모가 현재 어디 있는지 알아야 했다. 쓰레기를 버리러 나갈 때도 아이는 어디 가는지를 물었다. 아이는 늘 적응하지 못할까 봐 두려워했고, 남들에게 완벽하게 보이려고 노력했다. 머리핀은 언제나 일직선으로 꽂혀 있어야 했고, 옷은 완벽하게 다림질되어 있어야 했다. 해보지 않은 일을 할 수 있다고 생각하지 못했다. 부모는 한번 해보라고 격려했지만, 아이는 두려움에 사로잡혀 엄두를 내지 못했다. 부모는 아동치료사에게 도움을 요청했고 현재 아이는 불안증에서 해방되었다.

그렇다고 죄책감을 느낄 필요는 없다. 나는 좋은 부모가 아닌 것 같다고 자책하지 않기를 바란다. 아마도 지금 당신은 아이를 위해 해야 할 일이 너무 많다고 생각할 것이다. 그렇다면 그 부담감을 즐겁게 받아들이기를 바란다. 당신은 하나의 통찰을 얻었고 곧 행동에 나서게 될 테니까. 한 번에 한 걸음씩.

＃

"미래의 당신이
지금의 당신에게 고마워할 일을
오늘 실천하라."

감사의 말

이 책을 쓰는 것은 큰일이었다. 무엇보다 친척들에게 많은 도움을 받았다. 다양한 지원을 해주었고, 지식과 영감을 아낌없이 나누어주었다. 또 특별히 다음 분들에게 고마움을 전하고 싶다. 이분들이 없었더라면 이 책을 완성하지 못했을 것이다.

마티아스 빌마르크, 우리에게 아이디어를 주고 또 인내해주어 감사한다. 당신의 도움으로 만들고자 했던 책을 쓸 수 있었다.

군 돔브로브쉬 닐손, 원고를 조심스럽게 읽어주고 이해해주었다.

에바 & 스티그 셰데, 가장 어려울 때 큰 도움을 주었다. 이 멋진 부부의 도움이 없었더라면 우리는 지금 함께 있지 못할 것이다.

율리아 빌마르크, 엄마와 아빠를 잘 이해해주고 우리의 특별한 프로젝트에 언제나 함께해주었다.

울라 빌마르크, 시간이 없을 때 우리의 개 앨리스를 잘 돌봐주었다. 또 아주 소중하고도 사소한 것들을 잘 챙겨주었다.

미카엘 베르트베인, 우리 프로젝트에 적극적으로 참여하고 열성적으로 지원해주었다. 당신은 진정한 친구다. 이 책을 쓰는 동안 당신에게 많은 아이디어를 받은 것은 정말 멋진 일이었다. 우리를 위해 페인트칠을 해주고 집수리를 해준 것에 감사드린다.

펠레 프리베리, 선반 설치나 IT 지원 등 기술적으로 어려움을 느낄 때마다 옆에서 도와준 친절한 도우미였다.

페르 에릭손, 우리의 회계사로 집필 아이디어를 초창기부터 믿어주었다.

올로프 엔스트룀, 위베스 트로엔들레, 로날드 로센그렌, 날카로운 눈썰미와 민첩한 손놀림으로 원고를 점검해주었다.

캐럴린 딕먼, 루신다 바셋의 CEO인데 예기치 않게 우리에게 영감을 불러일으키는 편지를 보내주었다.

월바 엘렌뷔, 유쾌한 대화를 많이 나누었고 훌륭한 조언을 받았다.

잉아-릴 모렌-휘비네테, 담당 의사로서 우리가 앓고 있는 병의 심각성을 잘 이해해주었다.

토마스 구스타브손, 우리를 믿고 프로젝트를 지원해주었다.

이리 스벤손, 마츠의 심리학자로서 당신처럼 박식하고 경험 많은 인지 치료사를 만나본 적이 없다.

코레 발베리, 윌란드에 있는 작은 집의 주인인데 거기서 우리는 이 책을 집필했다.

옮긴이의 말

이 책은 스웨덴 사람인 마츠 빌마르크와 수전 빌마르크가 함께 쓴《지금 이 순간을 사는 방법》(2016)의 완역본이다. 공저자 마츠와 수전은 부부로, 스웨덴에서 '내면의 건강'이라는 주제로 여러 차례 강연하여 폭발적인 호응을 이끌어냈다. 그 강연의 핵심을 잘 요약하여 단행본으로 펴낸 것이 이 책이다. 현재 마츠와 수전은 스웨덴 칼마르 근처에서 '내적 건강 교육'이라는 회사를 운영하며, 삶에 잘 적응하지 못하는 사람들을 대상으로 정신건강과 행동수정을 상담해주고 있다.

나이 쉰을 넘긴 저자들은 행동장애를 학술적으로 탐구하기보다는 자신들이 몸소 겪은 열등감, 죄의식, 약물 의존 등 부정적인 측면을 여러 가지 긍정적 방법으로 극복해내고 새롭게 태어난 유쾌한 생활인이다.

　이 책은 직접 겪은 경험을 많이 소개하는 만큼 설득력이 아주 높다. 여러 주장들을 적절한 관련 사례가 뒷받침하고 있어 쉽게 이해할 수 있다. 자신들의 허물이나 부끄러운 점도 솔직히 고백해서 더욱 친근감을 느끼게 한다.

　필자는 처세 관련 책을 여러 권 번역하면서 학술적인 책보다 구체적이고 실제적인 체험이 많이 들어간 책이 훨씬 더 감동적이고 실용적이라는 사실을 발견했다. 이 책은 그런 면에서 지금껏 읽어온 책들 중에서도 단연 눈에 띨 만큼 훌륭하다.

　저자들은 "지금 이 순간을 즐기며 살아야 한다"고 일관되게 주장한다. 그러려면 무엇보다 의식적 현존이 중요하다고 말한다. 의식적 현존의 원어는 conscious presence인데, 지금 이 순간 내 앞에 벌어지는 삶을 의식적으로 중시하면서 지나간 과거의 기억으로부터 고통당하지 않고, 아직 닥쳐오지 않은 미래 때문에 걱정하지 않는 태도를 말한다. 이것을 영어로 다르게 표현하면 "You just live for today(오늘을 열심히 살아라)", "Seize the day(오늘을 잡아라)", "Don't worry, be happy(걱정하지 말고 즐겁게 살아라)" 등이 된다. 저자들은 지금 이 순간에 현존하는 방식으로 우리의 생각을 잘 통제하고, 있는 그대로의 정직한 모습에 만족해야 한다고 강조한다.

그런데 머릿속 생각은 잘 통제되지 않는다. 심원의마(心猿意馬)라고 하여, 생각은 그냥 내버려 두면 원숭이나 말처럼 제멋대로 장난치고 뛰어다니는 경향이 있다. 생각을 통제하기 어려운 이유는 우리가 기억, 주로 나쁜 기억에 영향을 받기 때문이다. 그 기억을 바꾸는 노력의 전제로, 저자들은 누구나 다 어린 시절이 있다는 점을 상기시킨다. 아버지-어머니-자녀라는 3인 가족 드라마에서 뭔가 잘못되면, 그것이 성인이 되어서 나쁜 기억으로 남아 근심 걱정으로 표면화하고 뒤늦게 보상 청구를 해온다는 것이다.

저자들은 과거의 기억을 잊어버리고 용서해야 한다고 말한다. 과거를 청산해야 미래를 창조할 수 있다. 가령 부모가 내게 섭섭하게 한 일이 있었다면 용서하고 내 아이에게 그런 일을 되풀이하지 않을 때 비로소 보상 청구가 소멸된다. 이처럼 집안 환경이 중요하다. 아이들은 환경에 잘 적응하도록 유도해주면 사회에 나가서도 잘 적응하게 된다.

최초의 3인 드라마가 다른 사람들과의 관계에서 성공과 실패를 결정하는 중요한 요소이므로, 자녀를 둔 부모라면 특히 아이에게 잘해주어야 한다. 학교 성적이 좋다거나, 경시대회에 나가서 상을 타왔다거나, 좋은 학교 입학시험에 합격했다거나 하는 특별한 조건에서만 칭찬하는 방식이 아니다. 아이의 있는 모습 그대로, 단지 너라는 이유 하나만으로도 사랑해줄 수 있어야 한다.

사랑을 많이 받은 아이는 나중에 커서도 대인관계가 원만하다. "거울에 비추면 자기 얼굴을 볼 수 있고, 사람에 비추면 자기의 길흉화복을 알 수 있다"는 말도 있듯이 대인관계는 삶의 성공과 실패, 행복과 불행을 좌우하는 아주 중요한 요소다.

그런데 3인 드라마가 잘못되어서 사회에서 잘 적응하지 못하고, 결혼한 후에도 배우자와 조화를 이루지 못한다면 어떻게 해야 할까? 또 학대가 대물림되어 자기 자식에게까지 잘해주지 못하는 부모는 어떻게 해야 할까? 이 책은 바로 그런 사람을 위한 책이다. 삶을 바꿀 수 있게 조언해주고 방법을 알려준다. 뜬구름 잡듯이 막연한 얘기가 아니라, 직접 겪은 체험에서 나온 조언이므로 현실적이다. 저자들은 일상에서 부정적인 태도를 바꾸는 것 이외에도 원활한 의사소통, 정리 정돈, 뒷담화 피하기, 운동하기, 잠을 잘 자기 등 생활환경을 좋게 하는 요령도 제시한다.

이 책은 독자의 행복을 위해 집필되었다. 저자들은 "나는 행복한가?" 하고 자꾸 자신에게 물어보는 사람은 행복한 사람이 아니라고 말한다. 오히려 있는 그대로의 모습을 인정하고 자기 일을 열심히 하면서, 완벽하게 할 수 있으면 좋고 그렇지 못해도 자신을 너그럽게 받아들이는 사람이 바로 행복한 사람이다. 그러나 많은 사람들이 실제로는 이렇게 하지 못한다. "너는 더 잘할 수 있어", "계속 앞으로 나아가야 해", "남들에게 뒤떨어져서는 안 돼"라고 채찍질하느라 불안에 빠지고, 그 때문에 겉으로는 행복을 추구한다고 하면서 실제로는 훠이훠이 멀리 쫓아버리는 역설적인 삶을 살아간다.

중국 당나라의 조주(趙州) 스님은 참으로 재미있는 분이었다. 누군가 그에게 다가가 "세상 만물에 다 불성(佛性)이 깃들어 있다고 하는데 그렇다면 개(犬)도 붓다인가?" 하고 물었다. 그러자 스님은 그렇다 혹은 아니다로 대답하지 않고 "무(無, 없다)"라고 대답했는데, 이것을 가리켜 무자(無字) 공안(公案, 화두)이라고 한다. 조주 스님의 말씀으로 우리 자신에게 행복을 질문하면 이렇게 된다. "우리는 행복한가?" 우리는 이에 대해 행복하다 혹은 행복하지 않다고 대답하는 것이 아니라 "그저 지금 이 순간을 열심히 살 뿐 행복이라는 질문은 없다"고 대답하는 것이다. 역설적으로 들릴지 모르지만 이렇게 해야 오히려 행복해진다.

한 번만 읽으면 행복하게 된다고 주장하지만 실제로는 광고 문구에 불과한 책들이 이미 많이 나와 있다. 이 책도 그런 많은 책들 중 하나가 아닐까 생각할지도 모르겠다. 필자는 첫 두 장을 읽고 나서 그런 생각이 싹 사라져버렸고, 읽어나갈수록 저자들의 주장에 강한 호소력이 있다는 것을 느꼈다. 이 정도의 고백과 조언을 할 수 있으려면 엄청난 내공을 쌓지 않으면 안 된다는 것을 아는 까닭이다. 이미 스웨덴에서 베스트셀러가 되었고, 미국과 한국을 위시하여 여러 나라에서 번역 출판되었다.

사회에서 좋은 인간관계를 유지하고, 가정에서는 배우자와 사이가 원만하며, 아이에게도 훌륭한 부모가 되고 싶지 않은 사람이 어디 있겠는가. 그런 생각을 구체적으로 실천하는 한 단계로 이 책을 읽어보기를 권한다.

— 이종인

옮긴이 이종인

고려대학교 영어영문학과를 졸업하고 한국 브리태니커 편집국장과 성균관
대학교 전문번역가 양성과정 겸임교수를 지냈다. 옮긴 책으로는 《숨결이
바람 될 때》, 《폰더 씨의 위대한 하루》, 《말을 듣지 않는 남자, 지도를 읽지
못하는 여자》, 《행복하다, 행복하다, 행복하다》, 《불평 없이 살아보기》,
《호모 루덴스》, 《중세의 가을》, 《전쟁터로 간 책》 외에 다수가 있고 지은 책
으로는 《지하철 헌화가》, 《번역은 글쓰기다》, 《살면서 마주 한 고전》 등이
있다.

일단 오늘부터 행복합시다

1판 1쇄 발행 2018년 5월 14일

지은이 마츠 빌마르크, 수전 빌마르크
옮긴이 이종인
발행인 유성권
펴낸곳 ㈜이퍼블릭

출판등록 1970년 7월 28일, 제1-170호
주소 서울시 양천구 목동서로 211 범문빌딩 (07995)
대표전화 02-2653-5131 I **팩스** 02-2653-2455
www.milestonebook.com

마일스톤 Milestone 은 ㈜이퍼블릭의 비즈니스/자기계발서 브랜드입니다.